Z会中学受験シリーズ

入試に出る

地図
地理編

覚えるのはココ！

Z会中学受験シリーズ　入試に出る地図 地理編

目　次

学習したら，チェックらんに○をつけましょう！　2回学習するとよく覚えられます。

★がついているところは，とくに重要です。よく学習しておきましょう。

チェックらん　1回目　2回目

この本の使い方	4

第1章　日本の国土	ページ	チェックらん 1回目	2回目
❶ 日本の位置　★	8		
❷ 海と海岸	10		
❸ 山と山脈　★	12		
❹ 東日本の川と平野，湖	14		
❺ 西日本の川と平野，湖	16		
❻ 気候　★	18		
❼ 自然災害と気象	20		
❽ 世界遺産と自然保護	22		
❾ 都市と人口	24		
確認問題	26		
入試地図お役立ち知識　❶ すらっとかけるぞ日本地図	28		

第2章　日本の産業	ページ	チェックらん 1回目	2回目
❿ 米・小麦の生産　★	30		
⓫ 野菜の生産　★	32		
⓬ 果物などの生産　★	34		
⓭ 畜産業	36		
⓮ 漁業	38		
⓯ 工業地帯の広がり　★	40		
⓰ 各種工業の分布　★	42		
⓱ 伝統工業と特色ある工業	44		
⓲ エネルギーと資源	46		
⓳ 交通と輸送	48		
確認問題	50		
入試地図お役立ち知識　❷ この島はどこにある？	52		

第3章　日本の諸地域，都道府県	ページ	チェックらん	
		1回目	2回目
⑳ 北海道地方	54		
㉑ 東北地方	56		
㉒ 関東地方　★	58		
㉓ 中部地方　★	60		
㉔ 近畿地方	62		
㉕ 中国地方・四国地方	64		
㉖ 九州地方	66		
㉗ 南西諸島	68		
確認問題	70		
入試地図お役立ち知識　❸ 日本を数字で知ろう	72		

第4章　地形図の読み取り	ページ	チェックらん	
		1回目	2回目
㉘ 縮尺と方位	74		
㉙ 等高線　★	76		
㉚ 地形と土地利用の読み取り　★	78		
㉛ 市街地の読み取り	80		
㉜ 地図の比較	82		
確認問題	84		
入試地図お役立ち知識　❹ 地名の面白知識	86		

第5章　世界の国々と日本	ページ	チェックらん	
		1回目	2回目
㉝ 日本と周りの国々　★	88		
㉞ 東南アジア・南アジアとオセアニア	90		
㉟ アフリカと西アジア	92		
㊱ ヨーロッパ	94		
㊲ 南北アメリカ	96		
㊳ 世界の様子	98		
㊴ 世界の環境問題　★	100		
確認問題	102		
入試地図お役立ち知識　❺ 地図で世界を知ろう	104		

第6章　実戦問題	105		

答えと考え方	ページ
確認問題　答え	114
実戦問題　答えと考え方	115

この本の使い方

　この本では，難関国私立中学校の入試問題を分析して，よく出題される地図や重要な地図を取り上げ，重要な用語やポイントとなる内容を厳選して説明しています。地理分野の日々のカリキュラム学習に役立てるのはもちろん，短い時間で重要事項の確認ができるため，すきま時間や入試直前期の暗記確認用としてもお使いください。

❶～㊴のまとめページ

　この本の中心のページです。まずはここから学習しましょう。

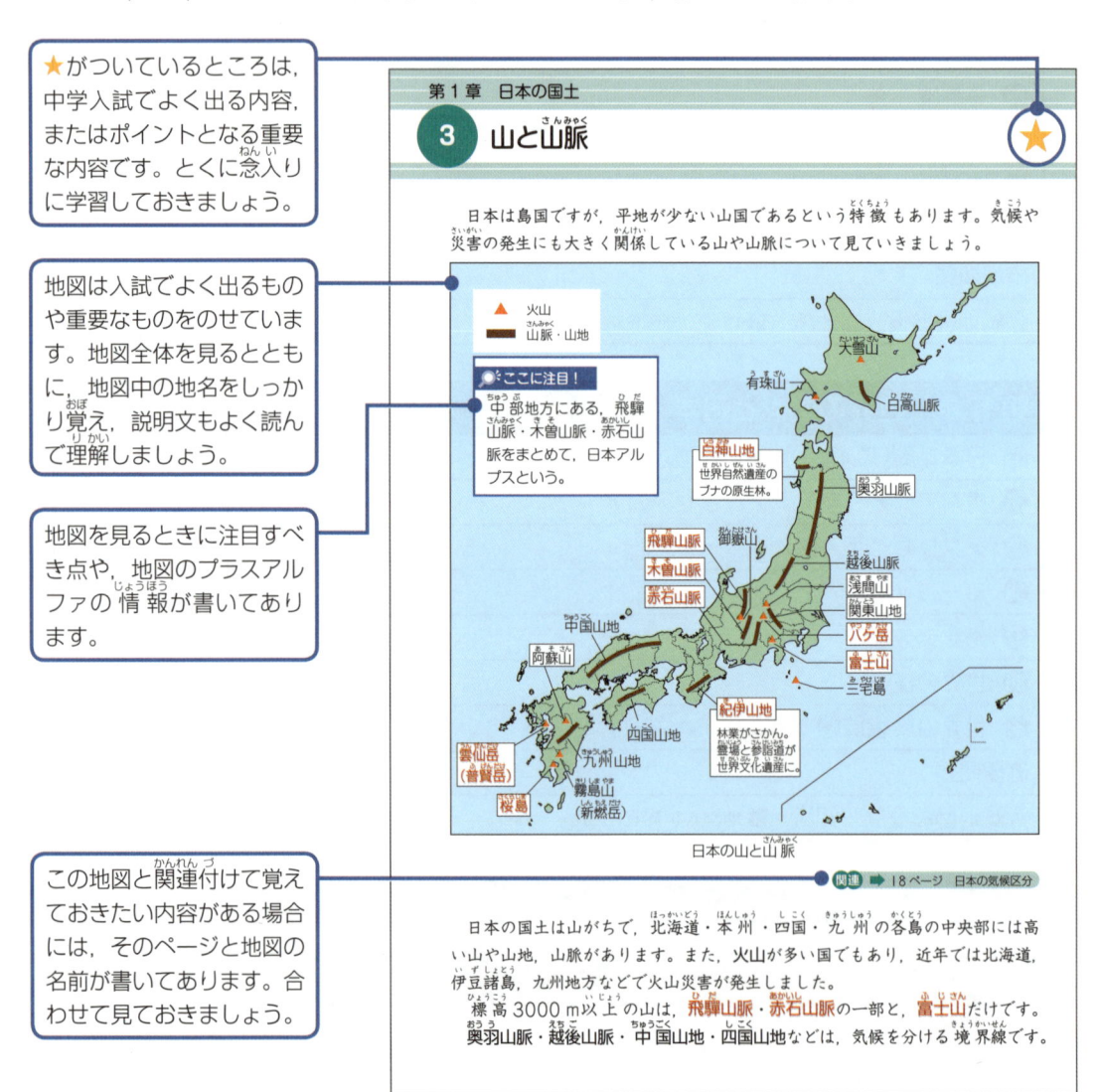

- ★がついているところは，中学入試でよく出る内容，またはポイントとなる重要な内容です。とくに念入りに学習しておきましょう。

- 地図は入試でよく出るものや重要なものをのせています。地図全体を見るとともに，地図中の地名をしっかり覚え，説明文もよく読んで理解しましょう。

- 地図を見るときに注目すべき点や，地図のプラスアルファの情報が書いてあります。

- この地図と関連付けて覚えておきたい内容がある場合には，そのページと地図の名前が書いてあります。合わせて見ておきましょう。

第1章 日本の国土
3 山と山脈 ★

日本は島国ですが，平地が少ない山国であるという特徴もあります。気候や災害の発生にも大きく関係している山や山脈について見ていきましょう。

▲ 火山
━ 山脈・山地

💡ここに注目！
中部地方にある，飛騨山脈・木曽山脈・赤石山脈をまとめて，日本アルプスという。

白神山地
世界自然遺産のブナの原生林。

紀伊山地
林業がさかん。霊場と参詣道が世界文化遺産に。

日本の山と山脈

関連 ➡ 18ページ 日本の気候区分

　日本の国土は山がちで，北海道・本州・四国・九州の各島の中央部には高い山や山地，山脈があります。また，火山が多い国でもあり，近年では北海道，伊豆諸島，九州地方などで火山災害が発生しました。
　標高3000m以上の山は，飛騨山脈・赤石山脈の一部と，富士山だけです。
奥羽山脈・越後山脈・中国山地・四国山地などは，気候を分ける境界線です。

🟡 学習にあたって

- この本の中で「％（パーセント）」という単位の表記があります。これは，全体を100とした場合にどのくらいの割合になるか，を示すものです。
  例：26.5％＝全体を100としたときに26.5をしめている，という意味。
- この本は，特別な断り書きがない限り，2017年9月30日現在の情報をもとに作成されています。

標高が高い山，山脈，山地

名前	特徴
富士山	山梨県と静岡県にまたがる日本の最高峰（標高3776 m）。噴火の記録が数多く残る火山でもある。
飛騨山脈	北アルプス。火山も多い。
木曽山脈	中央アルプス。林業がさかん。
赤石山脈	南アルプス。日本で2番目に高い北岳がある。

各地方の主な火山

地方	名前	特徴
北海道	有珠山	2000年に噴火。1940年代には，周辺の平地が盛り上がって，昭和新山ができた。
関東・中部	浅間山	江戸時代に大噴火。山麓でキャベツの抑制栽培。
	八ヶ岳	山麓の野辺山原でキャベツやレタスの抑制栽培。
	御嶽山	2014年に噴火し，死者・行方不明者が多数出た。
九州	雲仙岳（普賢岳）	1991年に噴火し，火砕流による大災害を起こした。そのときに平成新山ができた。
	霧島山（新燃岳）	2011年に噴火。火山灰などにより，農業や観光業に大きなえいきょうが出た。
	桜島	鹿児島湾の島だったが，1914年の噴火で大隅半島と地続きになった。現在も活発な火山活動を続ける。

ポイント 地名と位置を覚えよう！
- 標高が高い山と山脈…富士山・日本アルプス（飛騨・木曽・赤石山脈）
- 活発な火山…北海道・伊豆諸島・九州地方に多い

入試ではここが問われる！
- 地図中に示された山や山脈の名前を問われます。
- 山や山脈がまたがる都道府県名を問われることがあります。
- ある直線に沿った日本列島の断面図を題材にした問題が出されることがあります。山や山脈のほか，平野，盆地などの位置関係の理解が求められます。

（注釈）
- いちばん重要な用語は赤字，次に重要な用語は太い黒字になっています。時間がないときや入試直前期には，ここを中心に覚えましょう。
- ここで学習した中で，いちばん重要なポイントをまとめています。これだけは絶対に覚えておきたいという内容です。
- ここで学習した内容が入試問題でどのように出されるのかを，説明しています。この本の「実戦問題」のページや，過去の入試問題で確認してみましょう。

確認問題

　それぞれの章の最後にあります。まとめページの学習が終わったら解きましょう。自分で答え合わせをして，わからなかった問題やまちがった問題はチェックしておきましょう。

この問題の内容がのっているまとめページの番号です。わからないときやまちがえたときにはこの番号のまとめページにもどって，内容を確認！

入試地図お役立ち知識

　学習の合間にちょっと息ぬきをしてもらうコーナーです。地理の面白知識や知っておくと役立つことをのせていますので，ぜひ読んでみてください。

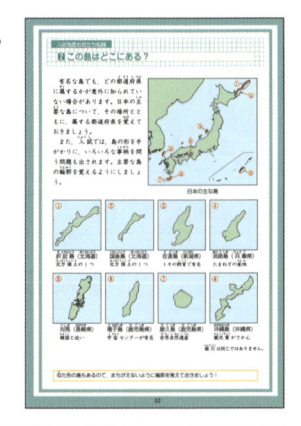

実戦問題

　過去の入試問題や，入試レベルのＺ会オリジナルの問題を出しています。この本でどのくらいの実力がついたか試すために，挑戦してみましょう。答え合わせと復習も忘れずに！

答えと考え方

　それぞれの章の確認問題の答えや，実戦問題の答えと考え方をのせたページです。問題を解いたら，ここで答えを確認し，考え方をよく読んでおきましょう。

6

第1章
日本の国土

❶ 日本の位置 ★ ……………………………………………… 8
❷ 海と海岸 ……………………………………………………… 10
❸ 山と山脈 ★ ………………………………………………… 12
❹ 東日本の川と平野，湖 ……………………………………… 14
❺ 西日本の川と平野，湖 ……………………………………… 16
❻ 気候 ★ ……………………………………………………… 18
❼ 自然災害と気象 ……………………………………………… 20
❽ 世界遺産と自然保護 ………………………………………… 22
❾ 都市と人口 …………………………………………………… 24
確認問題 …………………………………………………………… 26
入試地図お役立ち知識　❶すらっとかけるぞ日本地図 …………… 28

★がついているところは，とくに重要です。よく学習しておきましょう。

第1章　日本の国土

1　日本の位置 ★

日本は，東アジアにある面積約38万km²の国です。その国土の様子を見ていきましょう。

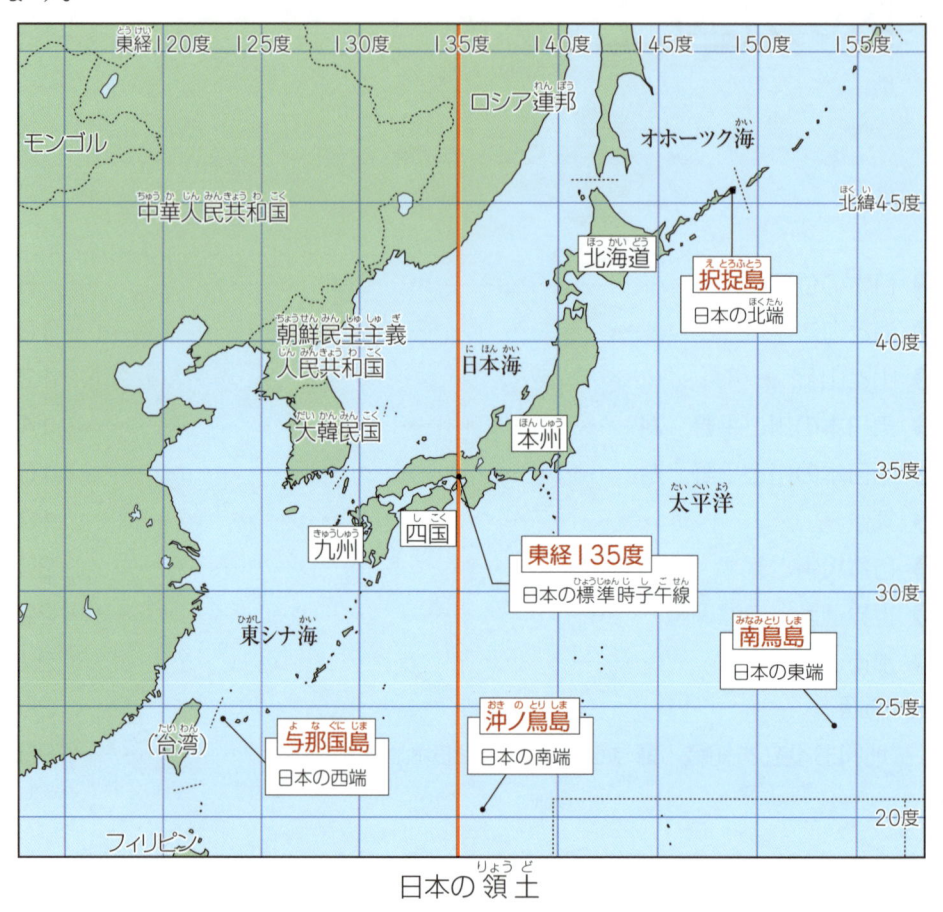

地図中の表記：
- 東経120度 125度 130度 135度 140度 145度 150度 155度
- モンゴル
- ロシア連邦
- 中華人民共和国
- オホーツク海
- 北海道
- 択捉島（日本の北端）
- 北緯45度 40度 35度 30度 25度 20度
- 朝鮮民主主義人民共和国
- 日本海
- 大韓民国
- 本州
- 太平洋
- 九州
- 四国
- 東経135度（日本の標準時子午線）
- 南鳥島（日本の東端）
- 東シナ海
- （台湾）
- 与那国島（日本の西端）
- 沖ノ鳥島（日本の南端）
- フィリピン
- 日本の領土

関連 ➡ 88ページ　日本と周りの国々

日本は，**北海道・本州・四国・九州**の4つの大きな島と，多数の小さな島々からなる島国で，日本列島の長さは約3000kmにおよびます。

日本の東西南北の端

日本の東西南北の端	島の名前
日本の東端（東経154度）	南鳥島（東京都）
日本の西端（東経123度）	与那国島（沖縄県）
日本の南端（北緯20度）	沖ノ鳥島（東京都）
日本の北端（北緯46度）	択捉島（北海道）

8

日本の標準時子午線である東経135度線が兵庫県明石市を，北緯40度線が秋田県の男鹿半島・八郎潟付近を通っています。

日本は数多くの島をもっているため，国土面積のわりに海岸線が非常に長く，また，排他的経済水域（200海里水域）も非常に広い国です。

日本の南端にあたる沖ノ鳥島はたいへん小さな島ですが，この島があるために，たいへん広い面積の海域が，日本の排他的経済水域となっています。

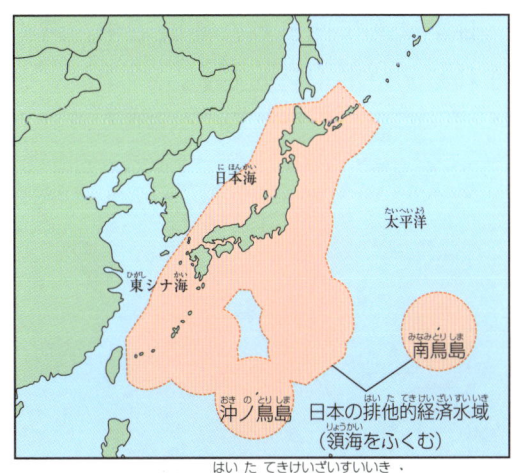

日本の排他的経済水域

日本付近には4つのプレートが集まっており，プレートの境界付近ではしばしば地震が起きます。

日本の東方沖には北アメリカプレートと太平洋プレートがぶつかる境界があり，それに沿って日本海溝（最大水深8000m以上）が延びています。平成23年（2011年）東北地方太平洋沖地震（東日本大震災）の震源もこの付近でした。また，ユーラシアプレートと北アメリカプレートの境界が通る本州中央部の大地溝帯をフォッサマグナといいます。フォッサマグナの西端を糸魚川静岡構造線といいます。

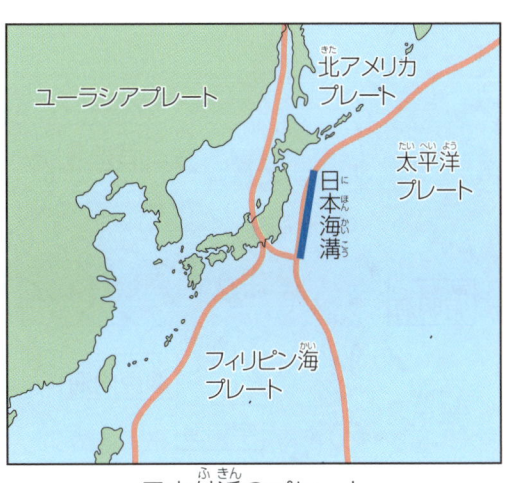

日本付近のプレート

> **ポイント** 主な島を覚えよう！
>
> ・日本の東西南北の端…南鳥島・与那国島・沖ノ鳥島・択捉島

> **入試ではここが問われる！**
> ・東アジアの地図を示され，日本の東西南北の端にあたる島の名前が問われます。
> ・都道府県を判定する問題で，地図中に示された緯度や経度がカギになる場合があります。
> ・地震に関する問題で，地図中のプレートや海溝の名前が問われます。

第1章　日本の国土

2　海と海岸

　日本は海に囲まれた島国です。湾や半島は特徴的な形をしているため，出題されやすいポイントです。

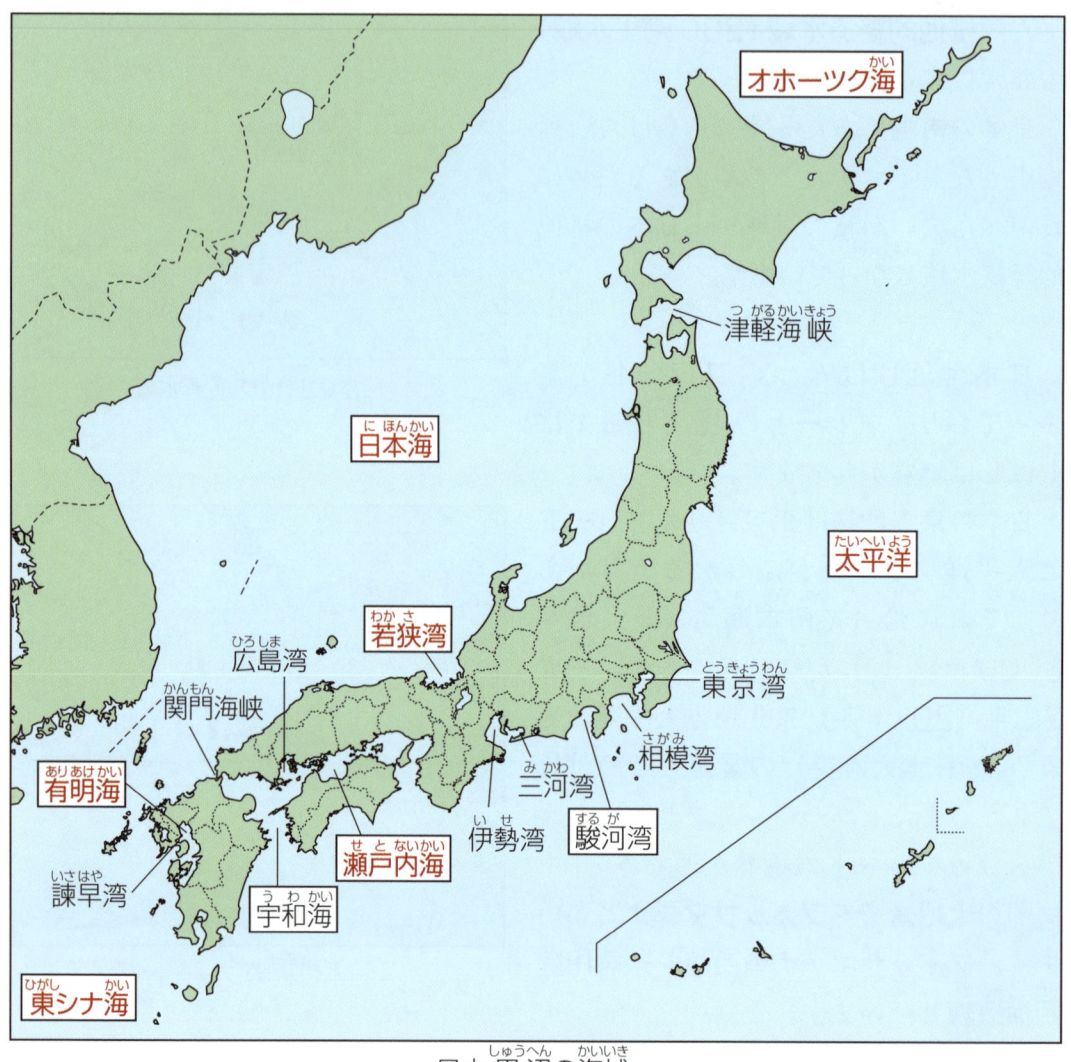

日本周辺の海域

主な海域	特徴
若狭湾	原子力発電所が多数立地する。リアス海岸。西部に天橋立。
広島湾	海産物のかきの養殖がさかん。
宇和海	真珠やぶり類の養殖がさかん。リアス海岸が見られる。
有明海	のりの養殖がさかん。干潟が広がる。諫早湾干拓問題。

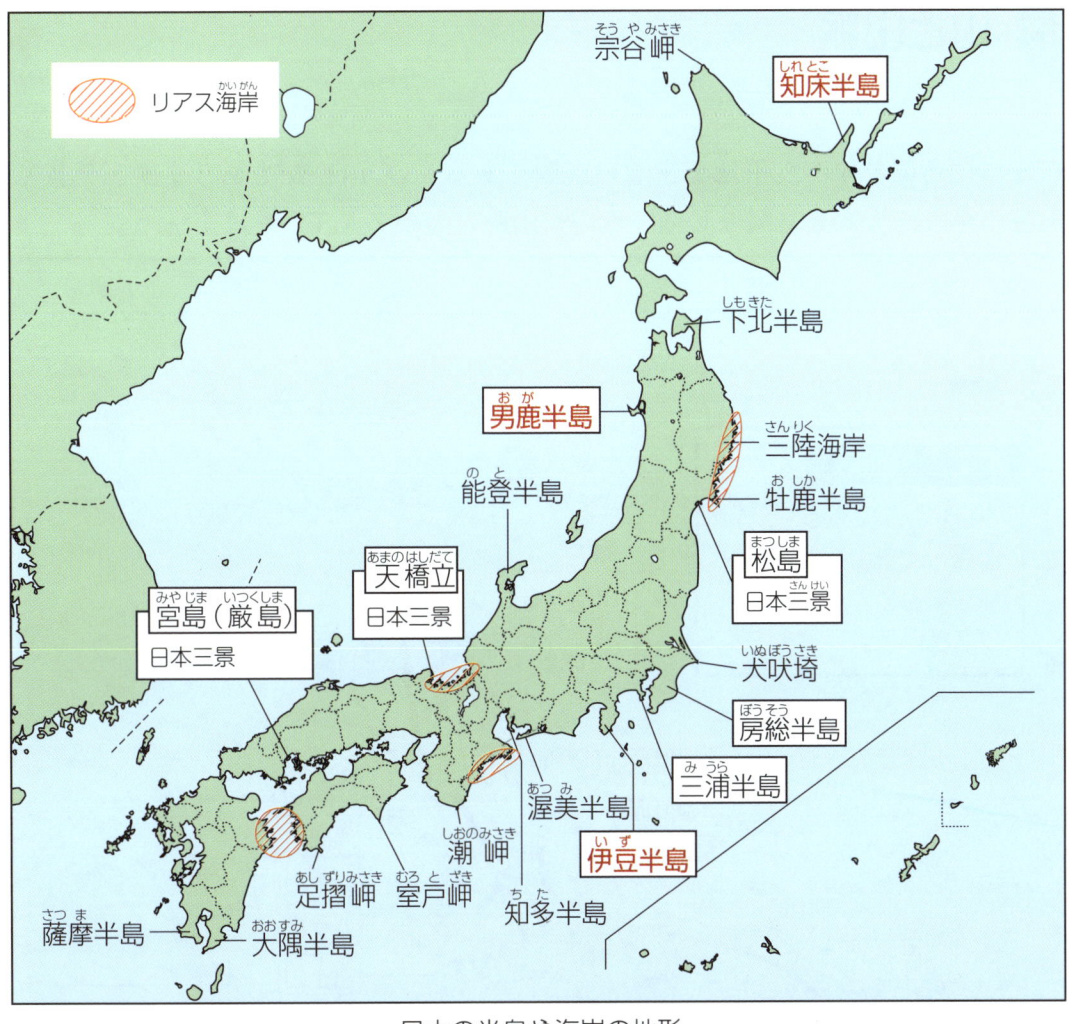

日本の半島や海岸の地形

主な半島	特徴	主な半島	特徴
知床半島	世界自然遺産	男鹿半島	北緯40度，東経140度付近
三浦半島	近郊農業	伊豆半島	温泉が多く観光業が発達
知多半島	中部国際空港	渥美半島	電照菊やメロンの栽培

ポイント 湾や半島の形と位置，名前，特徴をセットで覚えよう！

- 原子力発電所の立地，リアス海岸，天橋立…若狭湾
- 世界自然遺産…知床半島

入試ではここが問われる！

- 湾や半島の名前を問う問題がよく出されます。湾や半島の形は，都道府県の形からその名前を答える問題のカギになります。

第1章　日本の国土

3　山と山脈

　日本は島国ですが，平地が少ない山国であるという特徴もあります。気候や災害の発生にも大きく関係している山や山脈について見ていきましょう。

凡例
- ▲ 火山
- ━ 山脈・山地

🔍ここに注目！
中部地方にある，飛騨山脈・木曽山脈・赤石山脈をまとめて，日本アルプスという。

地図中の地名：
- 大雪山
- 有珠山
- 日高山脈
- 白神山地（世界自然遺産のブナの原生林。）
- 奥羽山脈
- 飛騨山脈
- 木曽山脈
- 赤石山脈
- 御嶽山
- 越後山脈
- 浅間山
- 関東山地
- 八ヶ岳
- 富士山
- 三宅島
- 中国山地
- 阿蘇山
- 四国山地
- 紀伊山地（林業がさかん。霊場と参詣道が世界文化遺産に。）
- 九州山地
- 雲仙岳（普賢岳）
- 霧島山（新燃岳）
- 桜島

日本の山と山脈

関連 ➡ 18ページ　日本の気候区分

　日本の国土は山がちで，北海道・本州・四国・九州の各島の中央部には高い山や山地，山脈があります。また，**火山**が多い国でもあり，近年では北海道，伊豆諸島，九州地方などで火山災害が発生しました。
　標高3000m以上の山は，**飛騨山脈・赤石山脈**の一部と，**富士山**だけです。**奥羽山脈・越後山脈・中国山地・四国山地**などは，気候を分ける境界線です。

標高が高い山，山脈，山地

名前	特徴
富士山	山梨県と静岡県にまたがる日本の最高峰（標高3776m）。噴火の記録が数多く残る火山でもある。
飛驒山脈	北アルプス。火山も多い。
木曽山脈	中央アルプス。林業がさかん。
赤石山脈	南アルプス。日本で2番目に高い北岳がある。

各地方の主な火山

地方	名前	特徴
北海道	有珠山	2000年に噴火。1940年代には，周辺の平地が盛り上がって，昭和新山ができた。
関東・中部	浅間山	江戸時代に大噴火。山麓でキャベツの抑制栽培。
関東・中部	八ケ岳	山麓の野辺山原でキャベツやレタスの抑制栽培。
関東・中部	御嶽山	2014年に噴火し，死者・行方不明者が多数出た。
九州	雲仙岳（普賢岳）	1991年に噴火し，火砕流による大災害を起こした。そのときに平成新山ができた。
九州	霧島山（新燃岳）	2011年に噴火。火山灰などにより，農業や観光業に大きなえいきょうが出た。
九州	桜島	鹿児島湾の島だったが，1914年の噴火で大隅半島と地続きになった。現在も活発な火山活動を続ける。

ポイント 地名と位置を覚えよう！

- 標高が高い山と山脈…富士山・日本アルプス（飛驒・木曽・赤石山脈）
- 活発な火山…北海道・伊豆諸島・九州地方に多い

入試ではここが問われる！

- 地図中に示された山や山脈の名前を問われます。
- 山や山脈がまたがる都道府県名を問われることがあります。
- ある直線に沿った日本列島の断面図を題材にした問題が出されることがあります。山や山脈のほか，平野，盆地などの位置関係の理解が求められます。

4　東日本の川と平野，湖

　豊富な水を得られ，また，土地が平らであるため，川沿いや平野には都市や産業が集中しています。まずは，北海道・東北・関東地方と中部地方日本海側の川と平野，湖などを見ていきましょう。

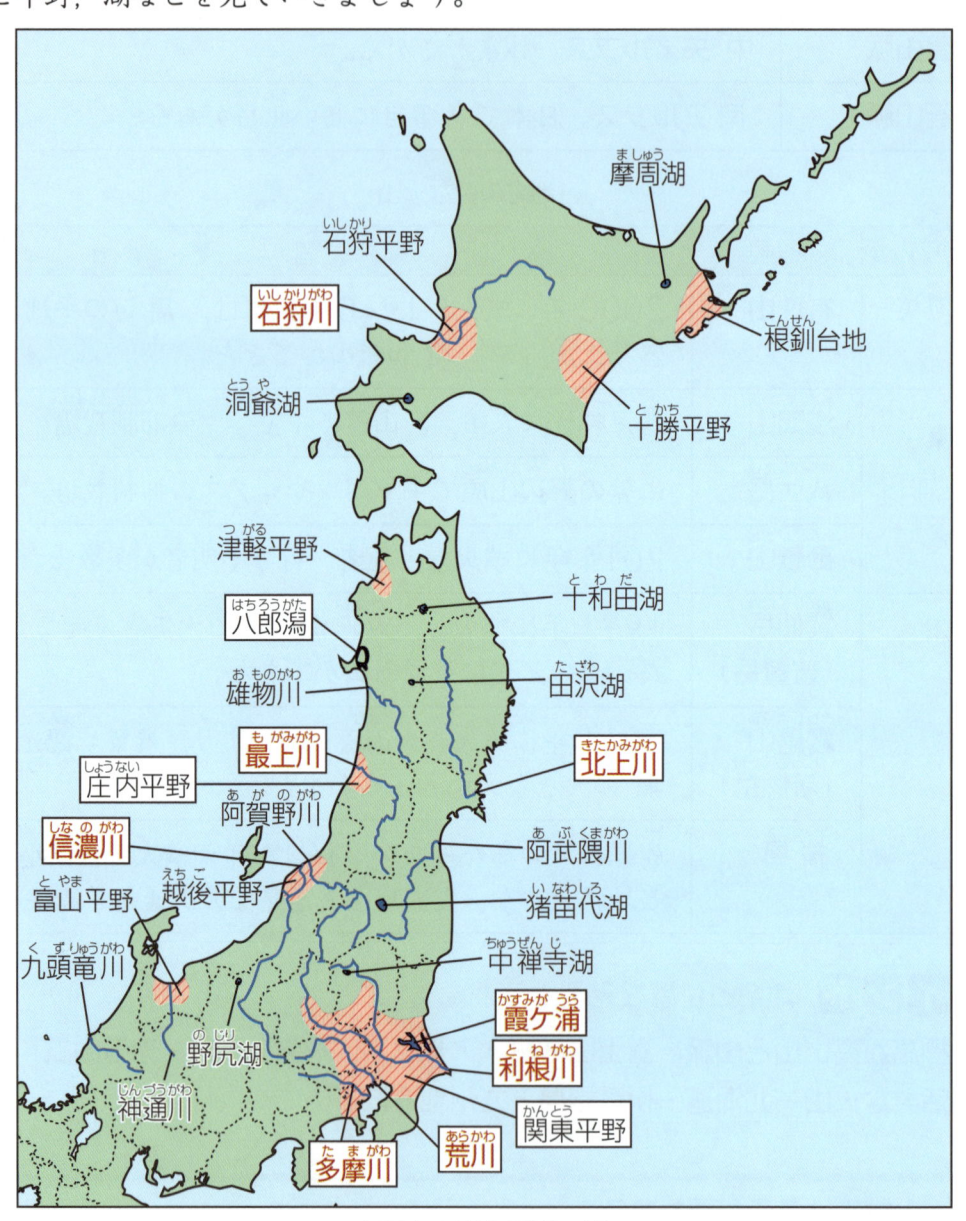

東日本の川と平野，湖

　長さが日本一の川は信濃川で，長さは約367kmです。2番目に長い川は利根川で，利根川は流域面積の広さが日本一です。3番目に長い川は石狩川です。

東日本の主な川

主な川	特徴
石狩川（いしかりがわ）	下流の石狩平野は，土地改良を行ったことで稲作地帯となった。
北上川（きたかみがわ）	岩手県・宮城県を流れる。東北地方で最も長い川。
最上川（もがみがわ）	山形県を流れる。下流の庄内平野は代表的な稲作地帯。
利根川（とねがわ）	関東平野を流れる。茨城・千葉県境をなす。
多摩川（たまがわ）	山梨県から東京都を流れる。下流では東京都・神奈川県境をなす。利根川・荒川とともに，関東地方の都県の水がめ。
信濃川（しなのがわ）	長野県・新潟県を流れる。長野県内では千曲川という。下流の越後平野では，水はけをよくするための土地改良がなされた。

東日本の主な湖

主な湖	特徴
洞爺湖（とうやこ）	北海道のカルデラ湖。2008年に周辺でサミットが開催された。
十和田湖（とわだこ）	青森・秋田県境のカルデラ湖。2つの半島がある特徴的な形。
八郎潟（はちろうがた）	かつては日本で2番目に広い湖だったが，大部分が干拓された。
田沢湖（たざわこ）	秋田県のカルデラ湖。深さは423mで日本一。
霞ケ浦（かすみがうら）	茨城県の湖。現在，日本で2番目に広い湖。

ポイント 地名と川の流路を覚えよう！

- 長い川…1位-信濃川，2位-利根川，3位-石狩川
- 稲作地帯…石狩川-石狩平野，最上川-庄内平野，信濃川-越後平野

入試ではここが問われる！

- 地図中にえがかれた川の流路をもとに，その川の名前や，流れている地域（都道府県名や平野名）が問われます。
- 川の流路を選ぶ問題もあります。河口や，水源となる地域のおおまかな位置を覚えている必要があります。

第1章 日本の国土

5 西日本の川と平野，湖

中部地方太平洋側と，近畿・中国・四国・九州地方の川と平野，湖などを見ていきましょう。西日本には，東日本ほど長い川はありません。

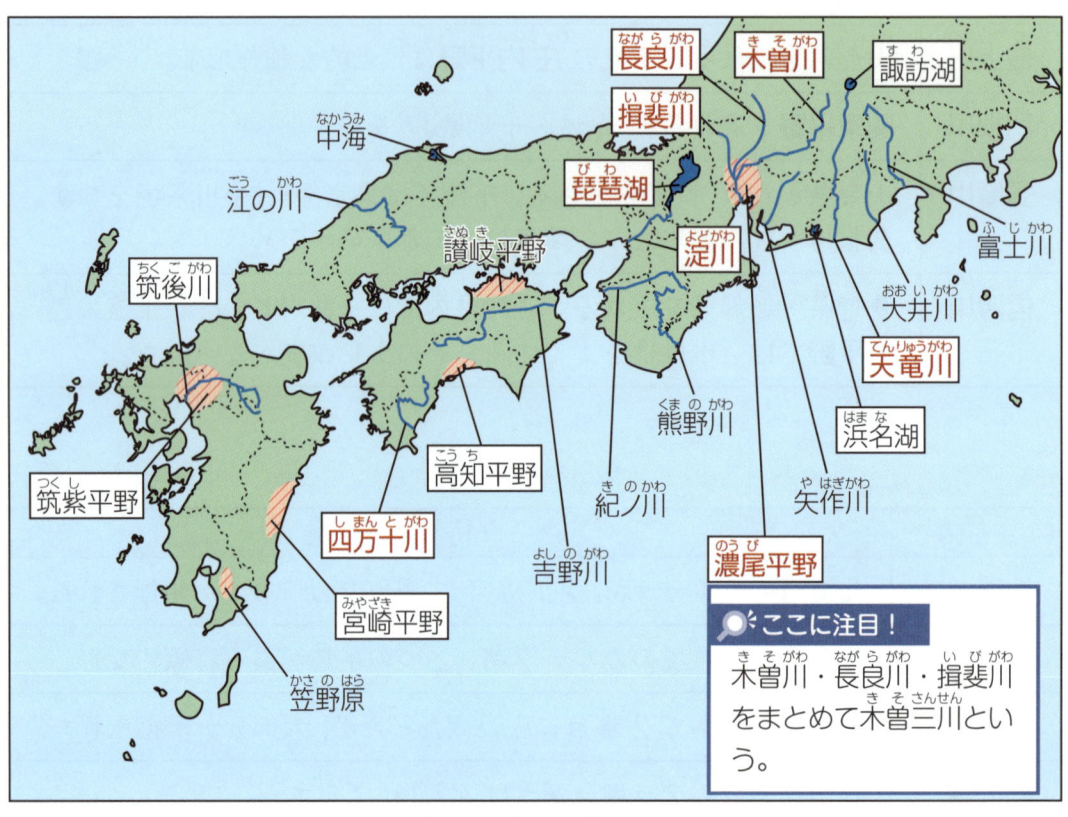

西日本の川と平野，湖

ここに注目！
木曽川・長良川・揖斐川をまとめて木曽三川という。

主な川	特徴
富士川	急流で有名。静岡県内では川の東西で電源の周波数がことなる。
天竜川	諏訪湖から流れる。豊川用水（愛知県）の水源の1つ。
木曽川	上流は木曽ヒノキの産地。
長良川	本流にダムがなく，清流や鵜飼で有名。
淀川	琵琶湖から流れる。上・中流では瀬田川・宇治川とも呼ばれる。
吉野川	高知県から徳島県を流れる。四国地方東部の水がめ。
四万十川	高知県西部を流れる。日本最後の清流ともいわれる。

西日本の主な平野・台地

平野・台地	特徴
濃尾平野（のうび）	木曽三川が流れ，輪中（わじゅう）が見られる。
讃岐平野（さぬき）	降水量（こうすいりょう）が少なく，大きな川がないことから，ため池が発達（はったつ）。
高知平野（こうち）	温暖（おんだん）な気候（きこう）を生かした野菜（やさい）の促成栽培（そくせいさいばい）で有名。
宮崎平野（みやざき）	
笠野原（かさのはら）	火山灰（かざんばい）におおわれたシラス台地。畑作・畜産（ちくさん）がさかん。

琵琶湖は面積（めんせき）が日本一の湖です。主な湖のうち，特徴的（とくちょうてき）な形のものを覚（おぼ）えておきましょう。なお，東日本であつかったものもふくまれています。

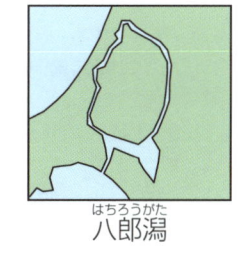

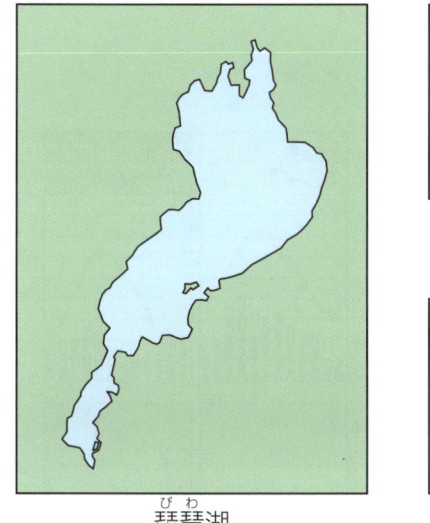

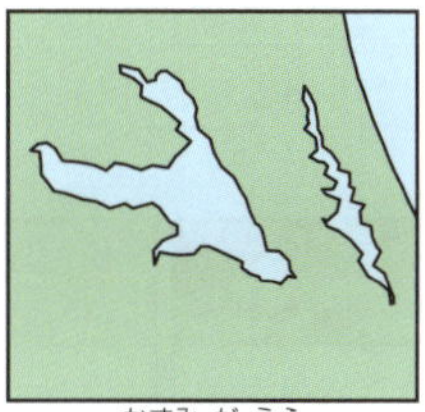

琵琶湖（びわ）　十和田湖（とわだ）　八郎潟（はちろうがた）　霞ケ浦（かすみがうら）　浜名湖（はまなこ）

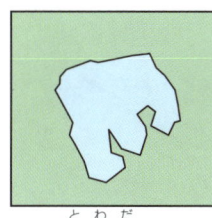

ポイント 地名と川の形を覚えよう！
- 木曽三川…木曽川・長良川・揖斐川
- 近畿地方の水がめ…琵琶湖と淀川

入試ではここが問われる！
- 地図中にえがかれた川の流路をもとに，その川の名前や，流れている地域（ちいき）（都道府県（とどうふけん）名（めい）や平野名）が問われます。
- 川の流路を選ぶ（えらぶ）問題もあります。河口（かこう）や，水源となる地域のおおまかな位置（いち）を覚えている必要（ひつよう）があります。
- 湖の形から名前を問う問題や，湖の名前から形を問う問題もあります。

第1章　日本の国土

6　気候

　気温の高低や変化、降水量の多い時期のちがいなどによって、日本の気候は大きく6つに分けることができます。それぞれの特徴を見ていきましょう。

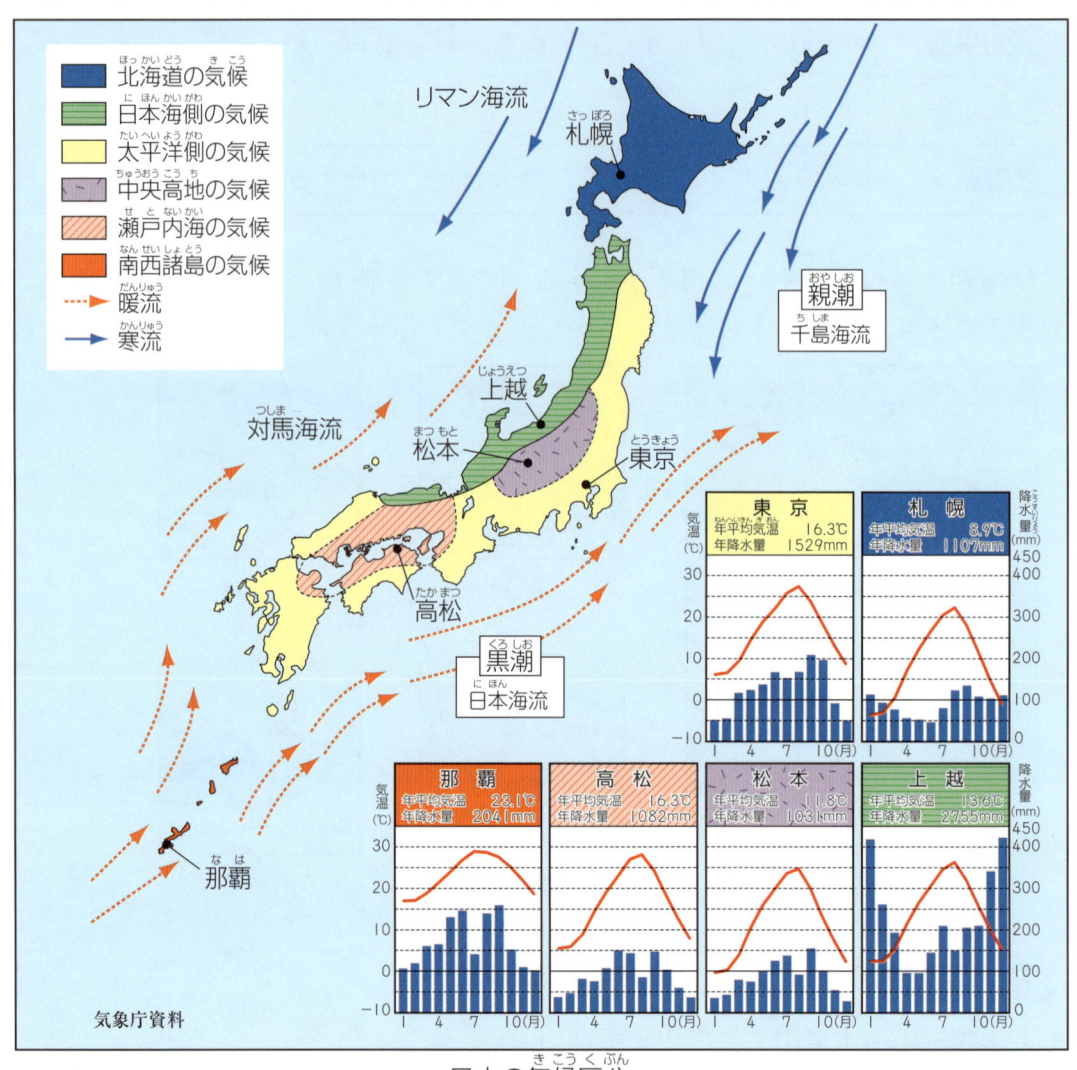

日本の気候区分

関連 ➡ 12ページ　日本の山と山脈

　日本列島の北に位置する北海道は、夏でもすずしく、冬はかなり寒冷です。また、梅雨や台風のえいきょうをあまり受けず、降水量は年間を通して少なめです。
　日本列島の南に連なる沖縄島などの南西諸島は、年間を通して比較的気温は高く、また、夏から秋にかけて、台風のえいきょうを強く受けることもあって、降水量が多い傾向が見られます。
　太平洋側の夏はしめった南東の季節風のえいきょうを強く受けるため、たいへんむし暑く、降水量が多いのが特徴です。日本海側の冬は北西の季節風のえいきょ

うを強く受けるため，大量の雪が降り，降水量が多くなります。雨や雪をもたらすしめった風は，山地・山脈をこえるとかわいた風になるため，太平洋側の冬は晴れた日が多く，降水量は少なめです。また，日本海側の夏は暑くて晴れた日が続きます。

山に囲まれた**中央高地**は，季節風のえいきょうを受けにくく，年間を通して降水量は少なめです。夏と冬の気温の差が大きいという特徴があります。

瀬戸内海に面した地域は，南の四国山地と北の中国山地にはさまれているため，季節風のえいきょうを強く受けません。雨や雪はあまり降らず，晴れた日が続き，年間を通して温暖な気候です。

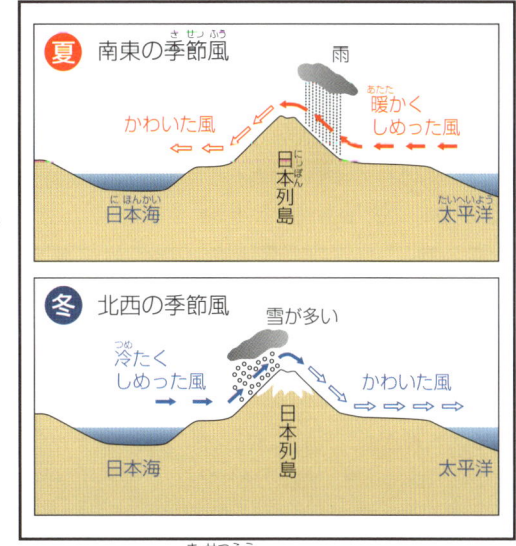

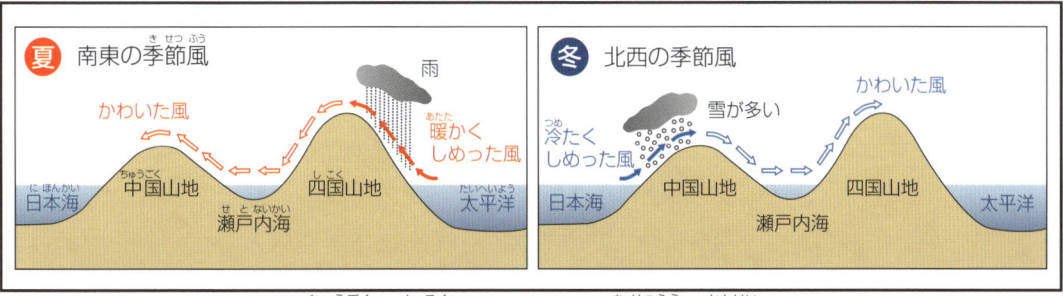

夏の季節風と冬の季節風

中国・四国地方の山地と季節風の関係

ポイント　気候区分ごとの特徴を知っておこう！

- 北海道の気候…年間を通して気温は低く，降水量は少ない。
- 南西諸島の気候…年間を通して気温は高く，降水量は多い。
- 太平洋側の気候…夏は降水量が多く，むし暑い。冬の降水量は少ない。
- 日本海側の気候…夏は暑く，晴れた日が多い。冬の降水量は多い。
- 中央高地の気候…年間を通して降水量が少なく，夏と冬の気温差が大。
- 瀬戸内海の気候…年間を通して晴れた日が多く，降水量は少なく温暖。

入試ではここが問われる！

- 日本地図に示された都市に対応する雨温図を選ぶ問題が出されます。

第1章　日本の国土

7 自然災害と気象

　日本は，地震をはじめとする自然災害の多い国です。どのような自然災害があるのか，見ていきましょう。

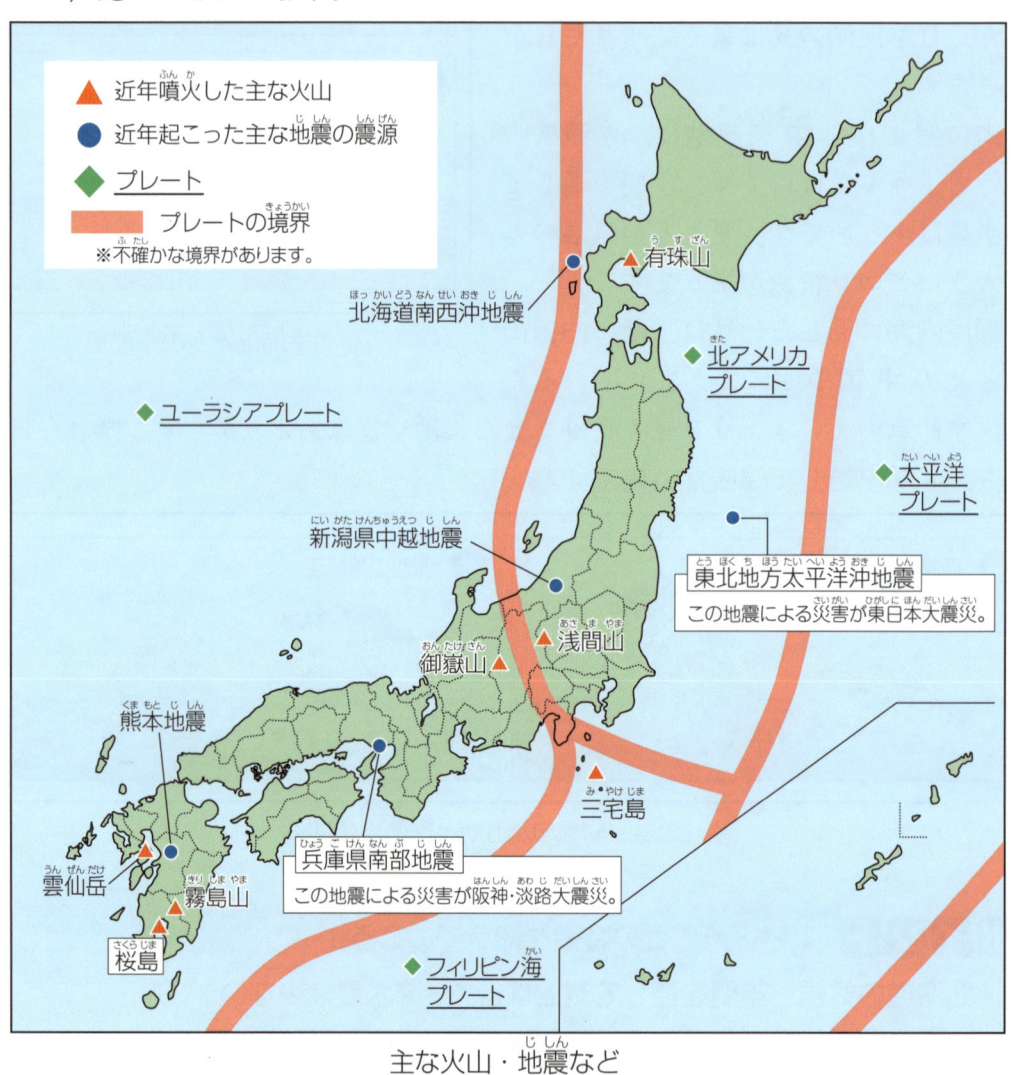

主な火山・地震など

凡例：
- ▲ 近年噴火した主な火山
- ● 近年起こった主な地震の震源
- ◆ プレート
- ━ プレートの境界
  ※不確かな境界があります。

地図中の地名：
- 有珠山
- 北海道南西沖地震
- 北アメリカプレート
- ユーラシアプレート
- 太平洋プレート
- 新潟県中越地震
- 東北地方太平洋沖地震（この地震による災害が東日本大震災。）
- 御嶽山
- 浅間山
- 三宅島
- 熊本地震
- 兵庫県南部地震（この地震による災害が阪神・淡路大震災。）
- 雲仙岳
- 霧島山
- 桜島
- フィリピン海プレート

関連 ➡ 9ページ　日本付近のプレート　　関連 ➡ 12ページ　日本の山と山脈

　4つのプレートの境界上に連なる日本列島には，100をこえる数の火山があります。火山が噴火すると，その周辺では火山灰や火砕流による被害を受けることがあります。20世紀の初めのころ，噴火によって大隅半島と陸続きになった桜島（鹿児島県）は，現在も活動がさかんなことで知られています。
　地震が起こると，建て物や道路などがこわされるだけでなく，津波によって沿岸部を中心に大きな被害がもたらされることもあります。東日本大震災の発生

以降，防災に対する人々の意識は高まりましたが，今後，高い可能性で起こるとされている南海トラフ地震（駿河湾から九州沖にかけて延びる海底のくぼみを震源域とする巨大な地震）などに向けて，どのような対策を講じるべきか，国民的な議論が続いています。

最近起こった主な地震

年	地震の名	主な地域
1993年	北海道南西沖地震	北海道の南西沖
1995年	兵庫県南部地震（阪神・淡路大震災）	兵庫県の南部
2004年	新潟県中越地震	新潟県の中越地方
2011年	東北地方太平洋沖地震（東日本大震災）	三陸沖
2016年	熊本地震	熊本県・大分県

台風などによる大雨や洪水の被害，大雪による被害も毎年のように発生しています。夏の気温が低く，日照時間も少ないため農作物が受ける被害のことを冷害といいます。東北地方の太平洋側では，6月から8月ごろにかけて，やませと呼ばれる冷たくしめった強い北東風がふくことがあります。やませによって気温の低い日が続くと，稲作などの冷害が深刻になります。

やませ

自然災害はいつ起こるかわからないので，事前の備えが大切です。最近は，自然災害の際に避難する場所や，噴火や津波などによって被害がおよぶことが予想される地域を地図上で示した防災マップ（ハザードマップ）が作られて，住民に案内されるようになっています。

ポイント 関連する地名をセットで覚えよう！

- 桜島…鹿児島県
- 阪神・淡路大震災…兵庫県

入試ではここが問われる！

- 火山や地震，冷害などによる被害を織り交ぜた説明文から，該当する都道府県を地図中から選ばせます。

第1章 日本の国土

8 世界遺産と自然保護

日本の世界遺産はどこにあるのでしょうか。また，自然保護の取り組みはどのように進められているのでしょうか。見ていきましょう。

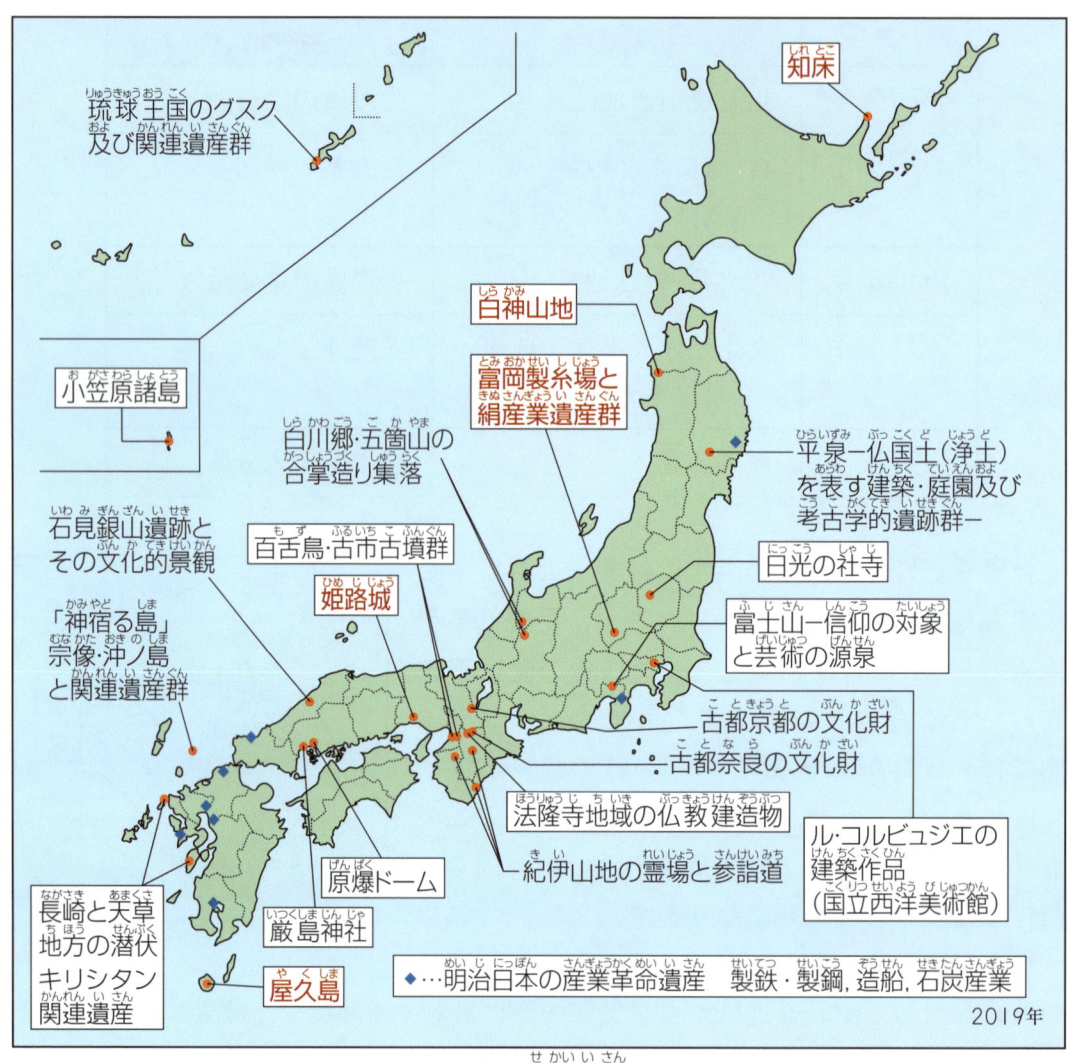

地図中のラベル：
- 知床
- 琉球王国のグスク及び関連遺産群
- 白神山地
- 富岡製糸場と絹産業遺産群
- 小笠原諸島
- 白川郷・五箇山の合掌造り集落
- 平泉－仏国土（浄土）を表す建築・庭園及び考古学的遺跡群－
- 石見銀山遺跡とその文化的景観
- 百舌鳥・古市古墳群
- 日光の社寺
- 姫路城
- 富士山－信仰の対象と芸術の源泉
- 「神宿る島」宗像・沖ノ島と関連遺産群
- 古都京都の文化財
- 古都奈良の文化財
- 法隆寺地域の仏教建造物
- ル・コルビュジエの建築作品（国立西洋美術館）
- 原爆ドーム
- 紀伊山地の霊場と参詣道
- 長崎と天草地方の潜伏キリシタン関連遺産
- 厳島神社
- 屋久島
- ◆…明治日本の産業革命遺産　製鉄・製鋼，造船，石炭産業
- 2019年

日本の世界遺産

世界遺産とは，世界遺産リストに登録されている，人類共通のかけがえのない財産として，将来の世代に引きついでいくべき自然や文化財のことです。

現在，日本には4件の世界自然遺産（自然遺産）と19件の世界文化遺産（文化遺産）があります（2019年）。自然遺産は北海道の**知床**，青森県・秋田県の**白神山地**，東京都の**小笠原諸島**，そして鹿児島県の**屋久島**です。一方，文化遺産は近畿地方を中心に，多くの地方に分布しています。**法隆寺地域の仏教建造物**（奈良県）および**姫路城**（兵庫県）をはじめとして，**原爆ドーム**（広島県），

厳島神社(広島県),日光の社寺(栃木県),富岡製糸場と絹産業遺産群(群馬県)などが文化遺産として登録されてきました。

近年では,広い地域のいくつもの資産を,まとめて登録する方法が注目されています。2015年には明治日本の産業革命遺産 製鉄・製鋼,造船,石炭産業(福岡県・佐賀県・長崎県・熊本県・鹿児島県・山口県・岩手県・静岡県)が,2016年には東京都の国立西洋美術館をふくむル・コルビュジエの建築作品(日本など7か国)が文化遺産として登録されました。

日本には,水鳥の生息地となる湿地の保護を目的とするラムサール条約にもとづく登録地が数多くあります。登録地としては,北海道の釧路湿原のほか,大都市の近くにある谷津干潟(千葉県)や藤前干潟(愛知県)などが有名です。

すぐれた自然を保護するために,日本全国に数多くの国立公園が設けられ,国が管理しています。国立公園には,富士箱根伊豆国立公園のように,複数の都府県にまたがっているものが数多くあります。また,みんなで資金を出して土地などを購入し,環境や景観を守るナショナルトラスト運動の活動地として,天神崎(和歌山県)や知床(北海道)などが知られています。

ラムサール条約の主な登録地など

ポイント 世界自然遺産と世界文化遺産に分けて整理しよう！

- 世界自然遺産…知床・白神山地・小笠原諸島・屋久島
- 世界文化遺産…姫路城・厳島神社・富岡製糸場と絹産業遺産群など

入試ではここが問われる！

- 説明文を読み,該当する世界遺産などを地図上の記号から選ぶ問題が出されます。
- ある都道府県を説明する文中に世界遺産などを登場させ,その都道府県を地図中から選ぶ問題が出されます。
- 説明文とともに分布図などが示され,「ラムサール条約」「ナショナルトラスト運動」といった語句を答える問題が出されます。

第1章　日本の国土

9　都市と人口

　日本は人口密度が高い国であり，多くの大都市があります。一方，高齢化や過疎の問題に直面している地域もあります。都市と人口を地図で見ていきましょう。

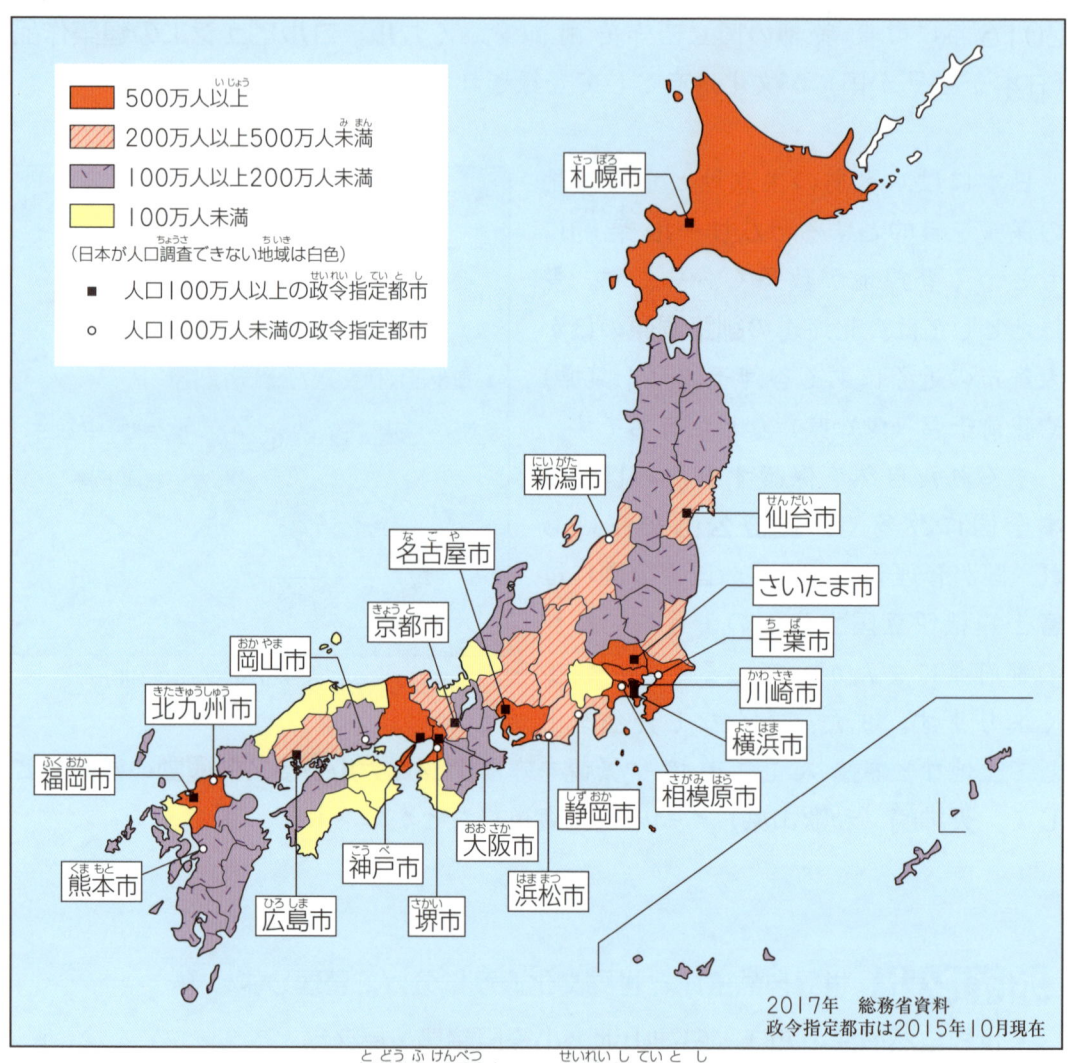

凡例：
- 500万人以上
- 200万人以上500万人未満
- 100万人以上200万人未満
- 100万人未満
- （日本が人口調査できない地域は白色）
- ■ 人口100万人以上の政令指定都市
- ○ 人口100万人未満の政令指定都市

地図上の都市名：札幌市，新潟市，仙台市，さいたま市，千葉市，川崎市，横浜市，相模原市，静岡市，浜松市，名古屋市，京都市，大阪市，堺市，神戸市，岡山市，広島市，北九州市，福岡市，熊本市

2017年　総務省資料
政令指定都市は2015年10月現在

都道府県別人口と政令指定都市

　人口が多い都道府県や政令指定都市は，**東京・名古屋・大阪の三大都市圏**がある関東・中部・近畿地方に集中しています。一方，東北・中国・四国・九州地方で，地方の中心となっている県以外の県の人口は少ない傾向があります。
　政令指定都市とは，政令により，道府県と同等の行政を行ってよいとされた都市です。制度が始まったころは，各地方の中心都市や三大都市圏にある人口100万人前後の都市ばかりでしたが，平成の大合併の特例として条件が緩和され，**静岡市・岡山市・熊本市**など，人口70万人程度の都市も指定を受けています。

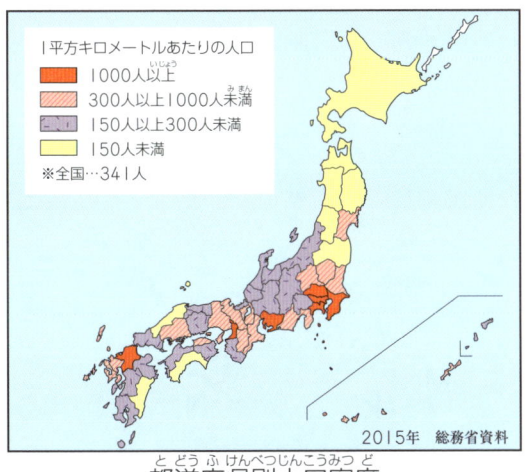

都道府県別人口密度

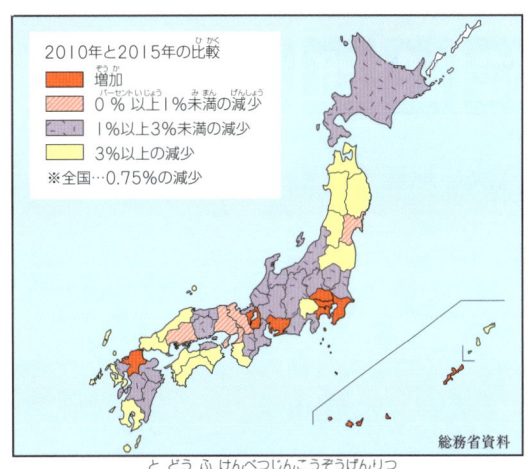

都道府県別人口増減率

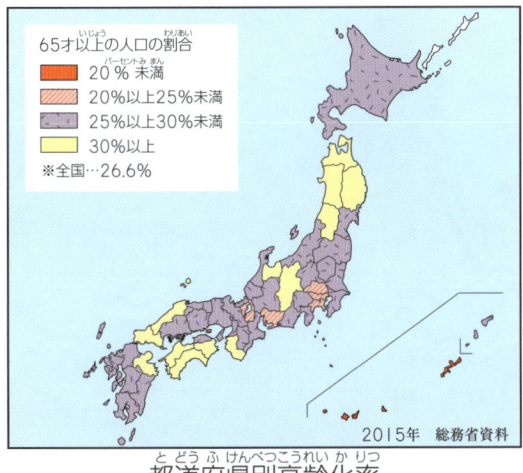

都道府県別高齢化率

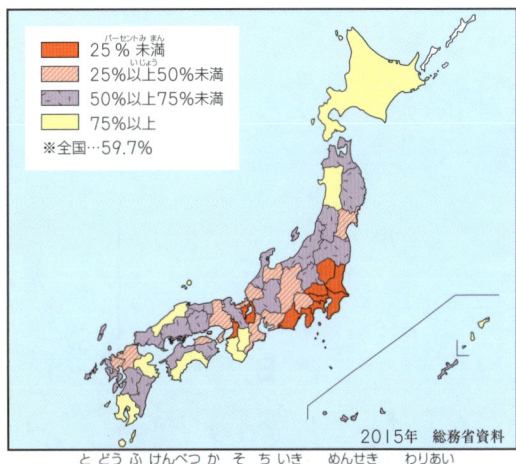

都道府県別過疎地域の面積の割合

　近年の日本の主な人口問題は，都市の**過密**と，地方の**過疎**，地方を中心とした全国的な**少子高齢化**です。特徴的なポイントは以下のとおりです。
- **秋田県**…人口減少率1位（2015年）・高齢化率1位（2015年）。
- **滋賀県**…大阪府・京都府のベッドタウンとして人口が増加している。
- **大阪府**…長く人口が増加し続けていたが，近年減少に転じた。
- **沖縄県**…出生率が高く，人口が増加している。

ポイント　大まかな傾向を覚えよう！

- 人口が多く，人口密度も高い…**東京・名古屋・大阪の三大都市圏**
- 人口減少率が高く，高齢化率も高い…**東北・中国・四国・九州地方**

入試ではここが問われる！

- 政令指定都市はさまざまな角度から問われます。
- 人口に関する統計や地図から，都道府県を判定する問題が出されます。

第1章　日本の国土

確認問題

次の地図を見て，下の問いに答えなさい。

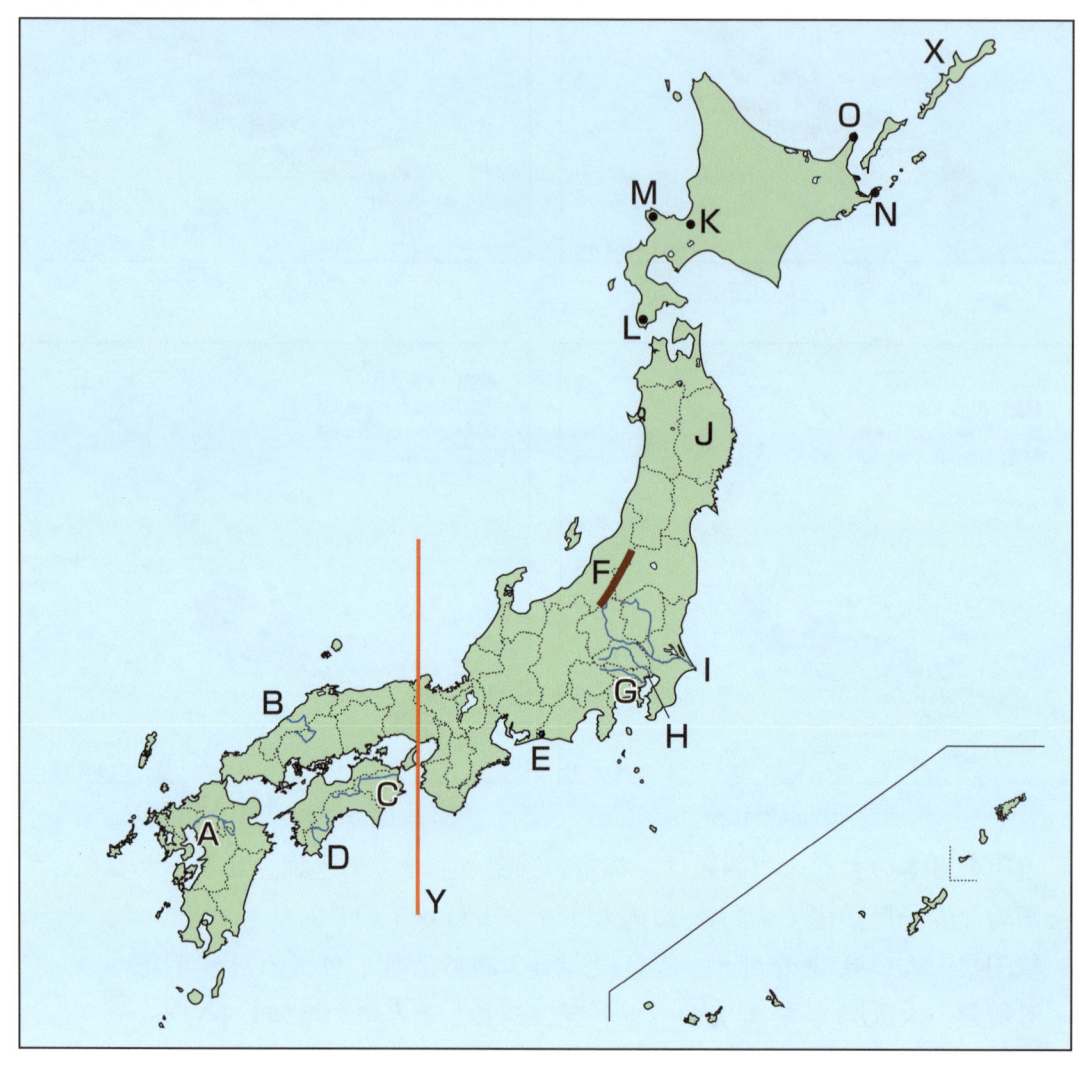

(1) 日本の領土の北端にあたる地図中のXの島の名前を書きなさい。

(2) 地図中のYの経線は東経何度ですか。整数で書きなさい。

(3) 地図中のYの経線より西の地域を流れる川を，次のア～エの中から1つ選び，記号を書きなさい。

　ア　揖斐川　　イ　北上川　　ウ　四万十川　　エ　天竜川

(4) (3)で選んだ川の流路を地図中のA～Dの中から1つ選び，記号を書きなさい。

(5) 地図中のYの経線の付近にある次のア～エの地形の中から，最も南に位置するものを1つ選び，記号を書きなさい。　➡②③⑤
　　ア　天橋立　　イ　紀伊山地　　ウ　潮岬　　エ　淀川

(6) 地図中のEの湖の名前を書きなさい。　➡⑤

(7) 日本アルプスにふくまれる3つの山脈のうち，地図中のEの湖がある県にまたがる山脈の名前を書きなさい。　➡③

(8) 地図中のFの山脈の名前を書きなさい。　➡③

(9) 地図中のFの山脈の北西側にあたる地域の気候区分を，次のア～ウの中から1つ選び，記号を書きなさい。　➡⑥
　　ア　太平洋側の気候　　イ　中央高地の気候　　ウ　日本海側の気候

(10) 地図中のG～Iの川の中から多摩川を選び，記号を書きなさい。　➡④

(11) 地図中のJの県に関係する事柄としてまちがっているものを，次のア～エの中から1つ選び，記号を書きなさい。　➡②③⑦⑧
　　ア　奥羽山脈　　イ　白神山地　　ウ　やませ　　エ　リアス海岸

(12) 地図中のKの政令指定都市の名前を書きなさい。　➡⑨

(13) 地図中のL～Oの地点の中から，世界自然遺産に登録されている地域にふくまれるものを1つ選び，記号を書きなさい。　➡⑧

解答らん

(1)		(2)	東経　　　度
(3)	(4)	(5)	
(6)		(7)	
(8)		(9)	
(10)		(11)	
(12)		(13)	

➡「答え」は114ページ

入試地図お役立ち知識

1 すらっとかけるぞ日本地図

　日本の略地図をかけるようになったら，日本の国土のバランスを正しく理解できたといってよいでしょう。日本の北海道・本州・四国・九州の略地図をバランスよくかくためのポイントをしょうかいします。

東経130度　135度　140度　145度

北緯45度

北海道西端・男鹿半島・房総半島は東経140度付近。

日本海側の青森県～鳥取県は弧をえがくように。

北海道の半分以上は本州東端より東にある。

40度

4島の東西南北の中心はこのあたり。

島根県で向きが変わる。

かなりせまい。

35度

潮岬・土佐湾最奥部・長崎県本土北端は同じくらいの緯度。

30度

※この地図はメルカトル図法でかいたものです。

日本の略地図のポイント

　地図中では東経140度を取り上げましたが，主な経線や緯線の付近にある地点を覚えておくと，地図をかくときや，入試問題を解くときに役立ちます。北緯37度線と東経137度線の交点がある能登半島，北緯35度付近の房総半島南端・伊勢湾最奥部・京都市などが代表例です。

コツをつかめたら，佐渡島などの島や，都道府県境をかき足してみましょう。

28

第2章
日本の産業

	ページ
⑩ 米・小麦の生産 ★	30
⑪ 野菜の生産 ★	32
⑫ 果物などの生産 ★	34
⑬ 畜産業	36
⑭ 漁業	38
⑮ 工業地帯の広がり ★	40
⑯ 各種工業の分布 ★	42
⑰ 伝統工業と特色ある工業	44
⑱ エネルギーと資源	46
⑲ 交通と輸送	48
確認問題	50
入試地図お役立ち知識　❷ この島はどこにある？	52

★がついているところは，とくに重要です。よく学習しておきましょう。

第2章 日本の産業

10 米・小麦の生産

米や小麦の生産は，地形や気候といった自然環境が大きくえいきょうします。日本では，どのような地域で生産がさかんなのか，見ていきましょう。

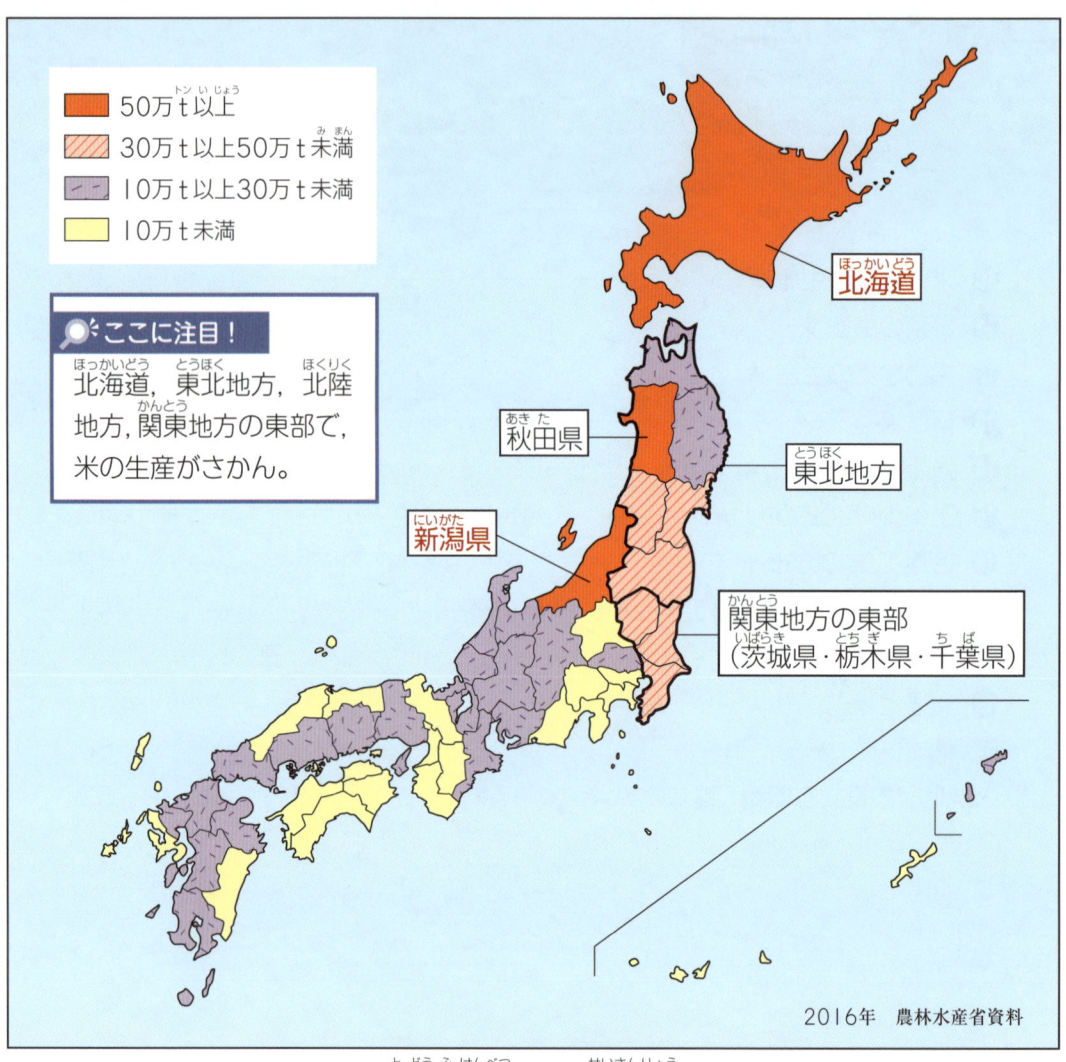

凡例：
- 50万t以上
- 30万t以上50万t未満
- 10万t以上30万t未満
- 10万t未満

ここに注目！
北海道，東北地方，北陸地方，関東地方の東部で，米の生産がさかん。

北海道
秋田県
新潟県
東北地方
関東地方の東部（茨城県・栃木県・千葉県）

2016年 農林水産省資料

都道府県別の米の生産量

都道府県別の米の生産量では，**北海道**と**新潟県**が，1位・2位の座を争っています。また，地方別に見ると，東北地方や北陸地方（新潟県・富山県・石川県・福井県），関東地方の東部（茨城県・栃木県・千葉県）で，米の生産がさかんです。

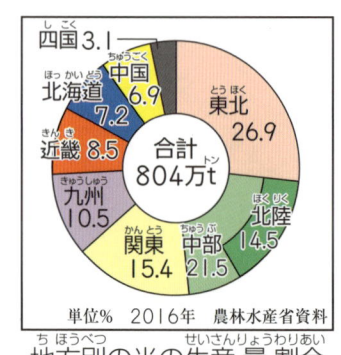

地方別の米の生産量割合（合計804万t，2016年 農林水産省資料）
- 東北 26.9
- 北陸 14.5
- 中部 21.5
- 関東 15.4
- 九州 10.5
- 近畿 8.5
- 北海道 7.2
- 中国 6.9
- 四国 3.1

単位％

米は稲からとれる作物です。稲を栽培するには，広い土地とたくさんの水が必要です。そのため，米作りがさかんな地方では，大きな川が流れる広い平野や盆地が見られます。また，雪が多く降る東北地方や北陸地方では，春になると大量の雪解け水が生じます。このことも，米作りがさかんな理由の1つになっています。

米作りのさかんな地方

地方	特徴
北海道	石狩平野・上川盆地が中心。「ななつぼし」など寒さに強い品種の稲が栽培され，生産量がのびる。
東北地方	秋田県をはじめ，地方全体で米の生産がさかん。秋田平野・庄内平野（山形県）などで米の単作地帯が広がる。
北陸地方	新潟県の越後平野などで，米の単作地帯が広がる。冬の雪の量が多いため，雪解け水も米作りに利用される。
関東地方の東部	茨城県・栃木県・千葉県などで米作りがさかん。

　稲はもともと寒い気候には向いていませんでしたが，品種改良によって，北海道など寒い地域でもさかんに栽培されるようになりました。

　一方，小麦は，もともとすずしくてかわいた気候が向いているため，北海道で全国の約70％が生産されます。比較的暖かい地域では，冬に育てる冬小麦の生産がさかんです。

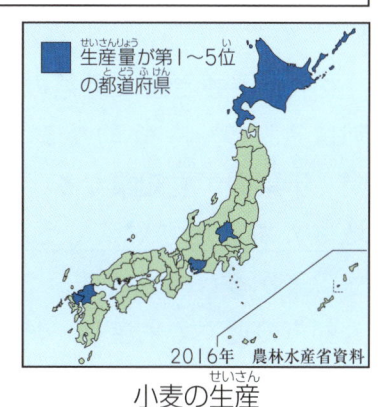

小麦の生産

ポイント 米・小麦の生産がさかんな地域をおさえよう！

- 米の生産がさかんな都道府県…北海道・新潟県・秋田県
- 米の生産がさかんな地域…東北地方，北陸地方，関東地方の東部
- 小麦の生産がさかんな都道府県…北海道

入試ではここが問われる！

- 農作物の生産がさかんな都道府県をぬりつぶした地図が複数示され，米や小麦の生産量を示した地図がどれかが問われます。
- ある都道府県の米作りについての文が示され，当てはまる都道府県を地図から選ばせる問題が出されます。

第2章　日本の産業

11　野菜の生産

　野菜の生産には，気候などの自然環境のほかに，人口が集まる地域とのきょりなどが重要なポイントとなります。野菜生産のさかんな地域を見ていきましょう。

　高知県や宮崎県では，暖かい気候を生かし，ビニールハウスなどを利用して，ピーマン・きゅうりなどの促成栽培がさかんです。また，長野県や群馬県の高原では，すずしい気候を生かし，レタス・キャベツなどの高原野菜の抑制栽培がさかんです。どちらも，ほかの都道府県で野菜が旬となる時期とずらして出荷することができるため，高い値段で売ることができます。

　また，さまざまな野菜の生産を都道府県別に見ると，特徴的なこととして，茨城県・千葉県・愛知県など，人口の集中する地域のある地方や県で生産がさかんということが挙げられます。これらの県では，大都市の近くで生産し，新鮮な野菜を人口の多い地域に届ける近郊農業がさかんです。茨城県はピーマン・レタス・キャベツの生産量がいずれも日本有数ですし，愛知県・千葉県ではキャベツの生産がさかんです。

🔍ここに注目！
人口集中地域への近さや，すずしい気候，暖かい気候などが，野菜の生産に有利。

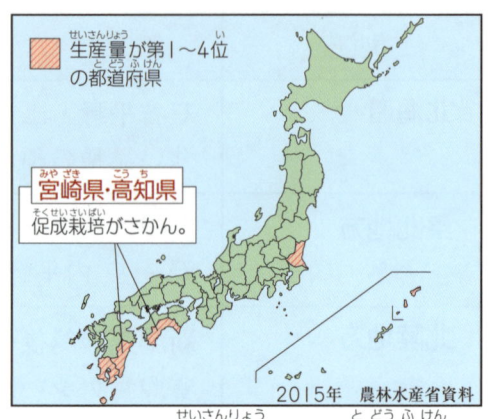

ピーマンの生産量の多い都道府県
（宮崎県・高知県　促成栽培がさかん。）
2015年　農林水産省資料

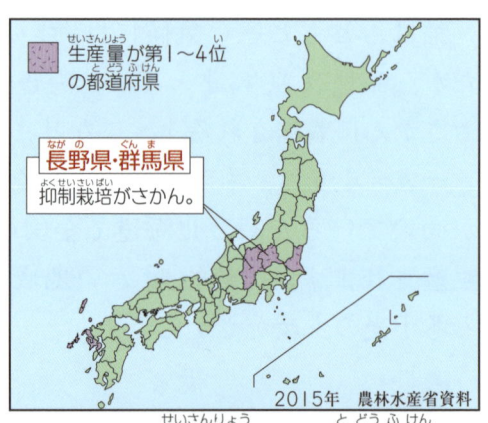

レタスの生産量の多い都道府県
（長野県・群馬県　抑制栽培がさかん。）
2015年　農林水産省資料

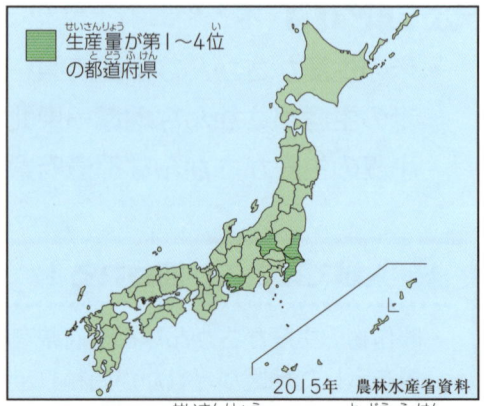

キャベツの生産量の多い都道府県
2015年　農林水産省資料

関連 → 30ページ　都道府県別の米の生産量

野菜の種類によって，生産がさかんな都道府県に特徴がありますので，その特徴をおさえておきましょう。北海道では広い土地を生かし，多くの種類の野菜の生産がさかんです。

　また野菜全体の生産額を見ると，北海道が全国で第1位（2014年）となっているほか，茨城県・千葉県・熊本県などが上位に来ます。

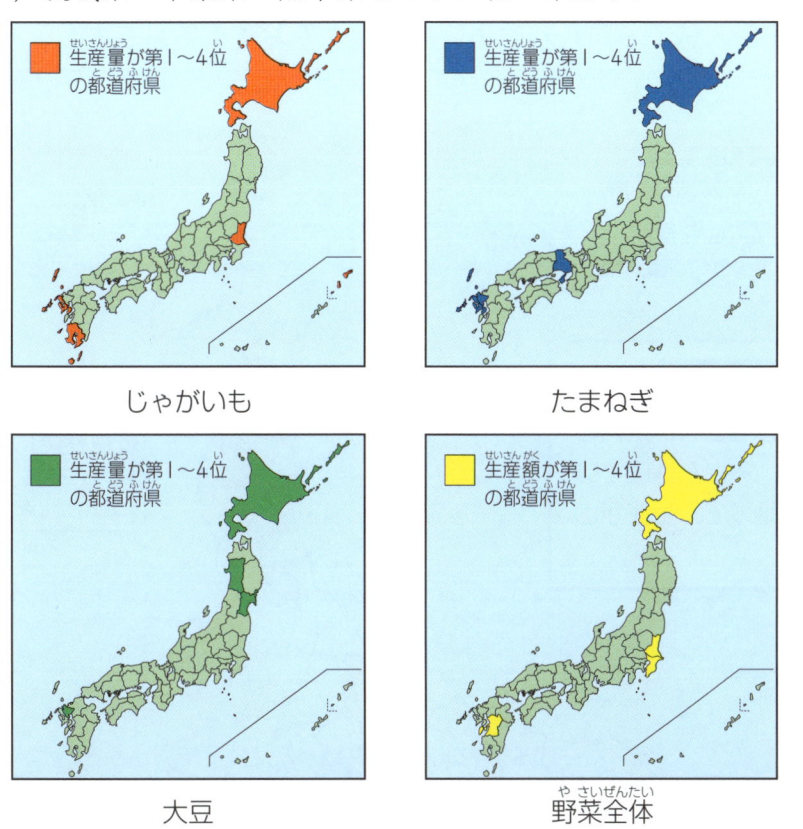

じゃがいも　　　たまねぎ

大豆　　　野菜全体

2015年（野菜全体は2014年）　農林水産省資料

ポイント　野菜の生産がさかんな都道府県をおさえよう！

- 促成栽培でピーマンなどの生産がさかん…高知県・宮崎県
- 抑制栽培でレタスなどの生産がさかん…長野県・群馬県
- 近郊農業で野菜の生産がさかん…茨城県・千葉県・愛知県
- 野菜の生産額が多い…北海道

入試ではここが問われる！

- ある野菜の生産がさかんな都道府県をぬりつぶした地図が示され，何の野菜かが問われます。
- ある都道府県の野菜作りについての文が示され，当てはまる都道府県を地図から選ばせる問題が出されます。

第2章　日本の産業

12 果物などの生産

　果物についても，種類ごとに生産がさかんな都道府県の特徴が見られます。「この県が生産上位にあるから，果物の種類は○○」というように覚えておくことが重要です。入試でも問われやすいので，よくおさえておきましょう。

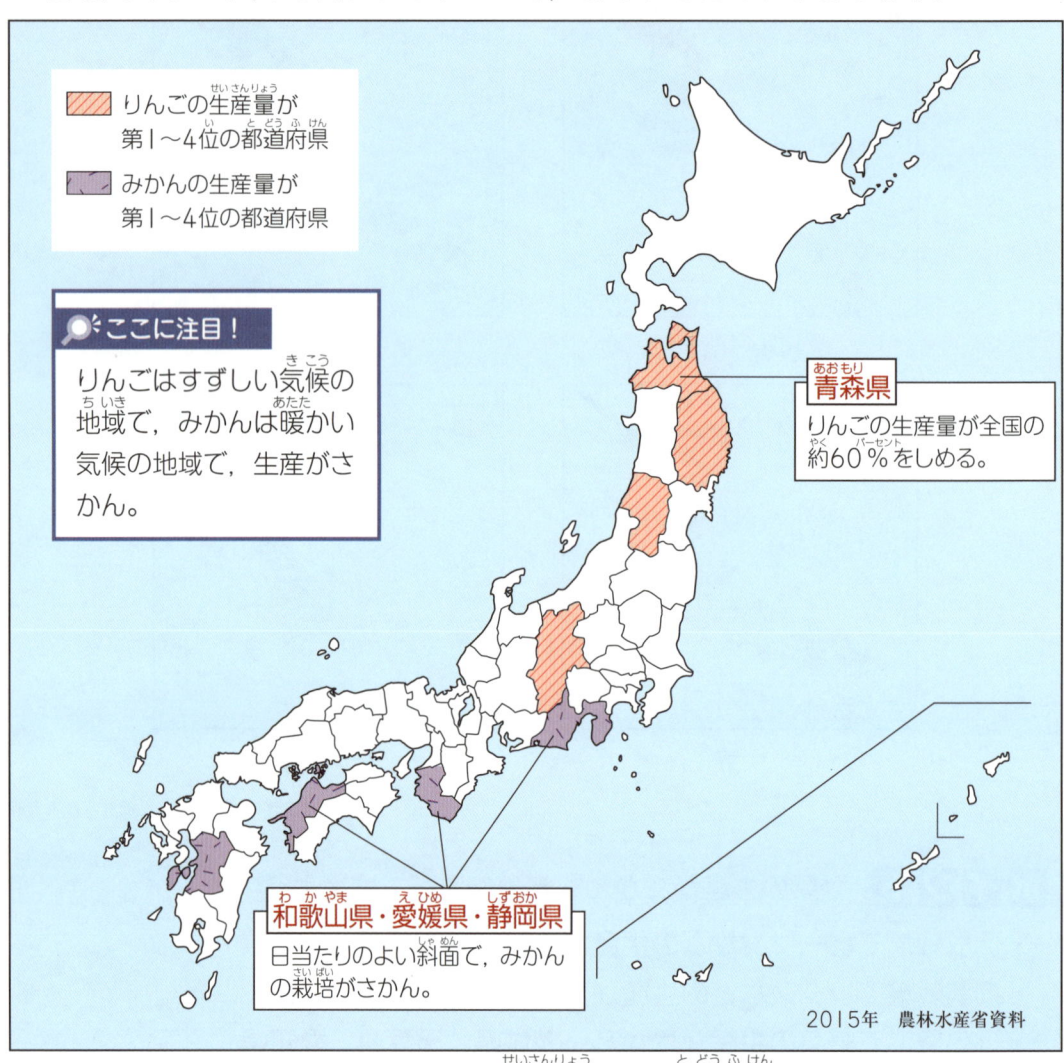

［地図］りんご・みかんの生産量の多い都道府県

- りんごの生産量が第1～4位の都道府県
- みかんの生産量が第1～4位の都道府県

🔍ここに注目！
りんごはすずしい気候の地域で，みかんは暖かい気候の地域で，生産がさかん。

青森県：りんごの生産量が全国の約60％をしめる。

和歌山県・愛媛県・静岡県：日当たりのよい斜面で，みかんの栽培がさかん。

2015年　農林水産省資料

関連 ➡ 30ページ　都道府県別の米の生産量

　りんごの栽培には，すずしくて降水量が多くない気候が適しており，青森県をはじめとする東北地方の県や，長野県などで生産がさかんです。一方，みかんは，暖かい気候が適しています。和歌山県・愛媛県・静岡県などの，日当たりのよい斜面でたくさん栽培されます。このように，果物の栽培には，気候が大きくえいきょうしますので，生産がさかんな都道府県を，その気候の特徴とセットで

おさえておきましょう。

　ほかの果物では、さくらんぼは山形県、ぶどうは山梨県で生産がさかんです。ともに、昼夜の気温の差が大きく、降水量がそれほど多くない、盆地の気候が適しています。

　果物全体では、青森県・山形県・和歌山県・長野県が生産額の上位をしめています。また、果物ではありませんが、茶の生産は静岡県・鹿児島県でさかんです。

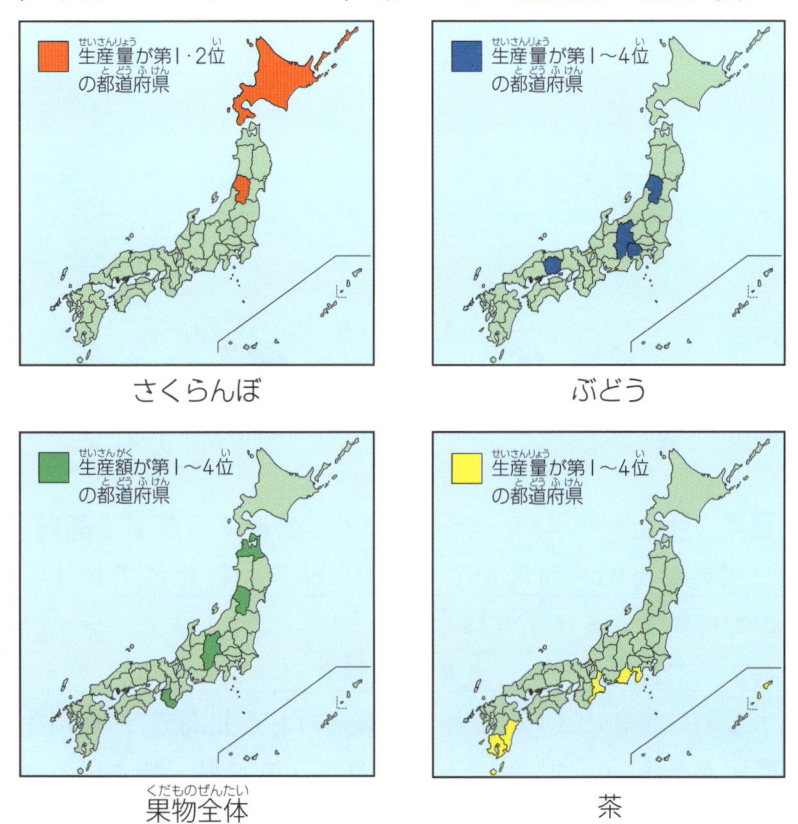

さくらんぼ

ぶどう

果物全体

茶

2015年（果物全体は2014年、茶は2016年）　農林水産省資料

ポイント　果物の栽培がさかんな都道府県をおさえよう！

- りんごの生産がさかん…すずしい気候の青森県・長野県
- みかんの生産がさかん…暖かい気候の和歌山県・愛媛県・静岡県
- 果物の生産額が多い…青森県・山形県・和歌山県・長野県

入試ではここが問われる！

- ある果物の生産がさかんな都道府県をぬりつぶした地図が示され、何の果物かが問われます。
- ある都道府県の果物作りについての文が示され、当てはまる都道府県を地図から選ばせる問題が出されます。

第2章 日本の産業

13 畜産業

　乳用牛（乳牛）や肉用牛（肉牛），ぶた，にわとりなどを飼育して，乳や肉，卵などを生産する農業を畜産業といいます。どのような都道府県で畜産業がさかんなのか，見ていきましょう。

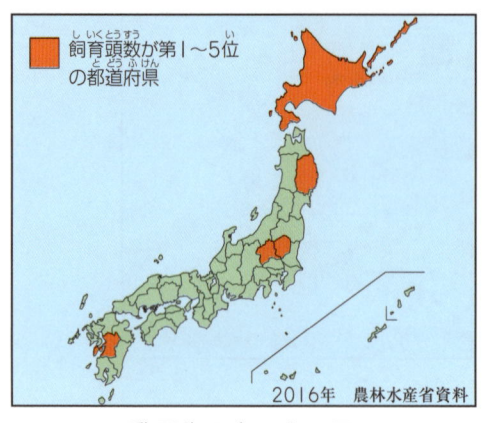

乳用牛の多いところ 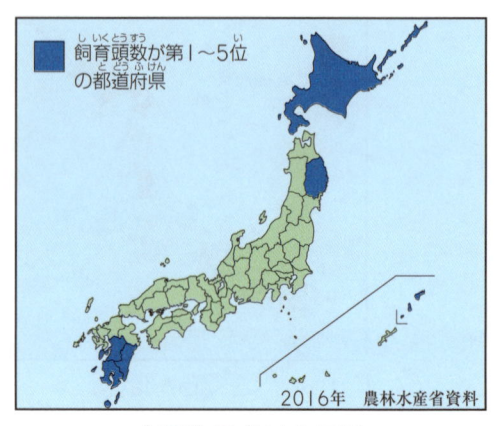　　　　　　　肉用牛の多いところ

　乳用牛を育て，牛乳やバター，チーズなどを生産する農業を酪農といいます。北海道では，広大な土地を利用して大規模な酪農が行われており，乳用牛の飼育頭数は他の都府県を大きく引きはなして全国一です。また，大消費地に近い，関東地方の栃木県や群馬県でも，乳用牛の飼育がさかんです。
　牛を放牧するのに都合のよい，広大な牧草地のある北海道は，乳用牛とともに肉用牛の飼育頭数も全国一です。また，鹿児島県・宮崎県・熊本県といった九州地方の県が上位をしめているのが特徴です。

家畜の都道府県別頭数

	乳用牛	肉用牛
1位	北海道　78.6万頭（58.4％）	北海道　51.3万頭（20.7％）
2位	栃木県　5.3万頭（3.9％）	鹿児島県31.9万頭（12.9％）
3位	岩手県　4.4万頭（3.2％）	宮崎県　24.4万頭（9.8％）
4位	熊本県　4.3万頭（3.2％）	熊本県　12.5万頭（5.1％）
5位	群馬県　3.6万頭（2.7％）	岩手県　9.0万頭（3.6％）

2016年　農林水産省資料

　肉用牛の飼育がさかんな鹿児島県・宮崎県は，ぶたの飼育もさかんです。また，大消費地に近い千葉県・群馬県が，ぶた飼育の上位をしめています。

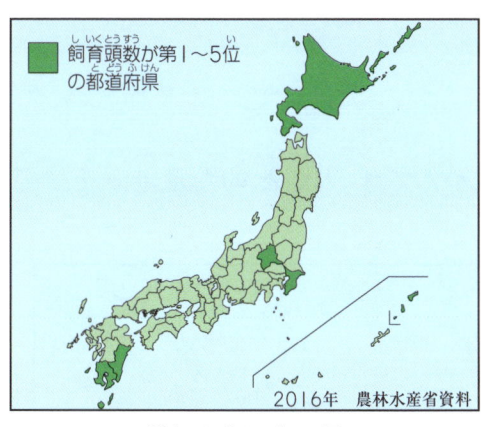

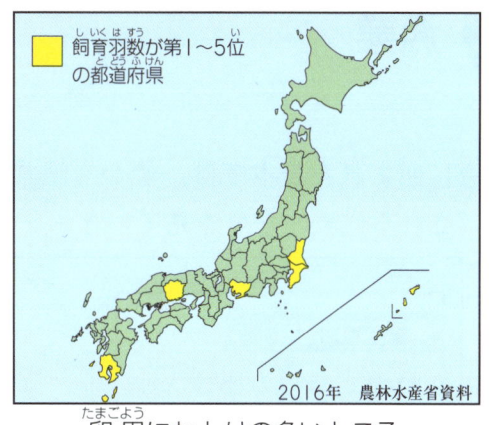

ぶたの多いところ　　　　　　　卵用にわとりの多いところ

卵用にわとり（卵をとるために飼育しているにわとり）は，輸送にかかる時間や費用をおさえるため，大都市の近くでの飼育がさかんです。関東地方では茨城県や千葉県，中部地方では愛知県，中国地方では岡山県，九州地方では鹿児島県で，多くの卵用にわとりが飼育されています。

家畜の都道府県別頭数・羽数

	ぶた	卵用にわとり
1位	鹿児島県 126.3万頭 （13.6％）	茨城県　1284万羽 （7.4％）
2位	宮崎県　83.5万頭 （9.0％）	千葉県　1281万羽 （7.4％）
3位	千葉県　67.3万頭 （7.2％）	鹿児島県 1052万羽 （6.1％）
4位	群馬県　62.9万頭 （6.8％）	岡山県　1007万羽 （5.8％）
5位	北海道　60.8万頭 （6.5％）	愛知県　887万羽 （5.1％）

2016年　農林水産省資料

ポイント　北海道と鹿児島県に着目しよう！

- 北海道で飼育がとくにさかん…乳用牛・肉用牛
- 鹿児島県で飼育がとくにさかん…肉用牛・ぶた

入試ではここが問われる！

- 複数の地図やグラフから，特定の家畜の飼育数の多さを示したものを選ぶ問題や，地図とともに，「根釧台地」「シラス台地」といったキーワードをふくんだ文章を読んで，北海道・鹿児島県などの道県を判定する問題などが出されます。
- 高速道路などが示された地図を用いつつ，大都市の近くで卵用にわとりや乳用牛の飼育がさかんな理由が問われる場合があります。

14 漁業

海に囲まれた日本では，昔から漁業がさかんです。代表的な漁港，そこで水あげされる代表的な魚を見ていきましょう。

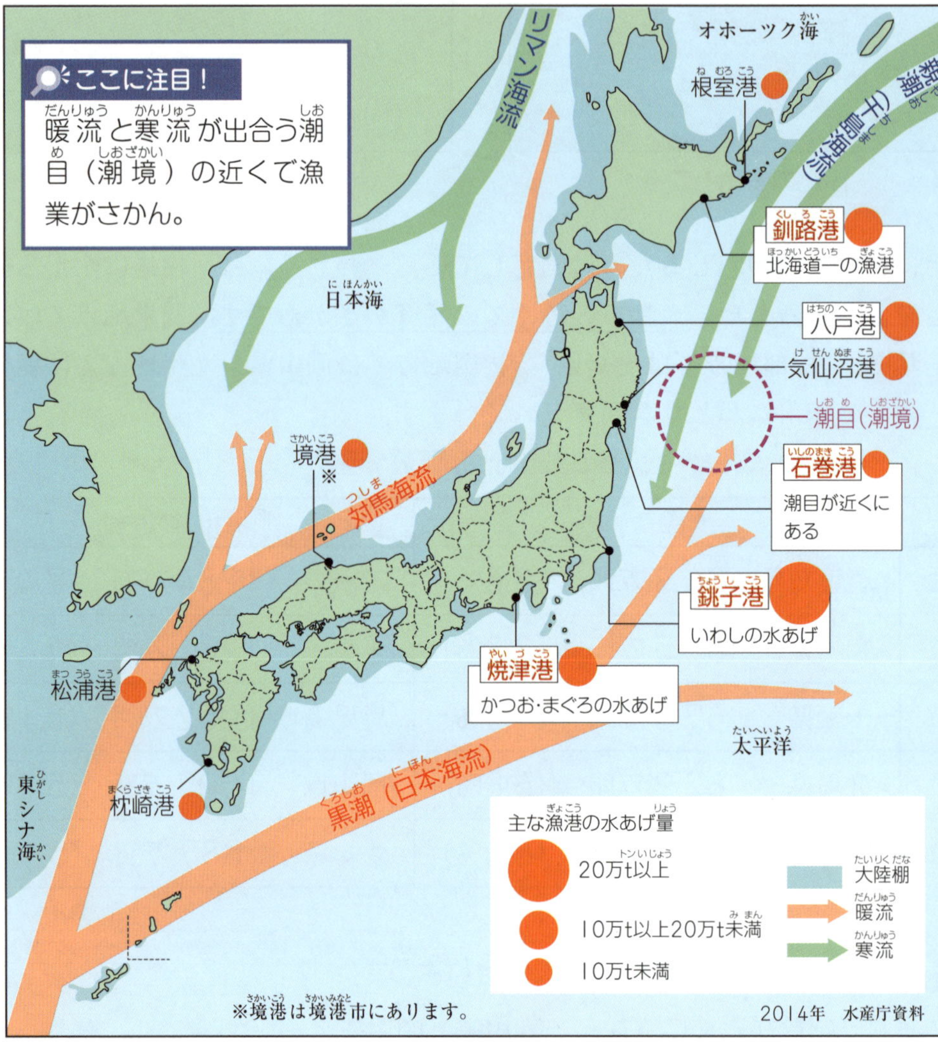

ここに注目！
暖流と寒流が出合う潮目（潮境）の近くで漁業がさかん。
リマン海流
オホーツク海
親潮（千島海流）
根室港
釧路港
北海道一の漁港
日本海
八戸港
気仙沼港
潮目（潮境）
境港※
対馬海流
石巻港
潮目が近くにある
銚子港
いわしの水あげ
焼津港
かつお・まぐろの水あげ
松浦港
太平洋
東シナ海
枕崎港
黒潮（日本海流）
主な漁港の水あげ量
20万t以上
10万t以上20万t未満
10万t未満
大陸棚
暖流
寒流
※境港は境港市にあります。
2014年　水産庁資料

主な漁港

関連 ➡ 8ページ　日本の領土

2014年現在，日本の中で水あげ量（魚を漁港にあげる量）が多い漁港として，**銚子港**・**焼津港**・**釧路港**・**八戸港**などが挙げられます。銚子港では**いわし**，焼津港では**かつお・まぐろ**，釧路港ではたら，八戸港ではいかの水あげが中心です。

漁の方法としては，多くの漁港では，沖合の海で数日かけて行う**沖合漁業**や，小型船で日帰りで行う**沿岸漁業**が中心となっています。遠方の海に大型船で出かけて行う**遠洋漁業**の水あげは少なくなっていますが，焼津港では遠洋漁業が中心です。

漁業には，遠洋漁業・沖合漁業・沿岸漁業などの「とる漁業」のほか，養殖業・栽培漁業などの「つくり育てる漁業」があります。近年，「とる漁業」の水あげ量は減ってきており，「つくり育てる漁業」がますます重要になっています。養殖は，稚魚や小さな貝をいけすなどで育てて，大きくなったら出荷する漁業のことですが，日本では**ほたて**（**北海道，青森県**の陸奥湾など）・**かき**（**広島県・宮城県**など）・**真珠**（**愛媛県・長崎県・三重県**など）・ぶり（**鹿児島県**など）などの養殖が有名です。

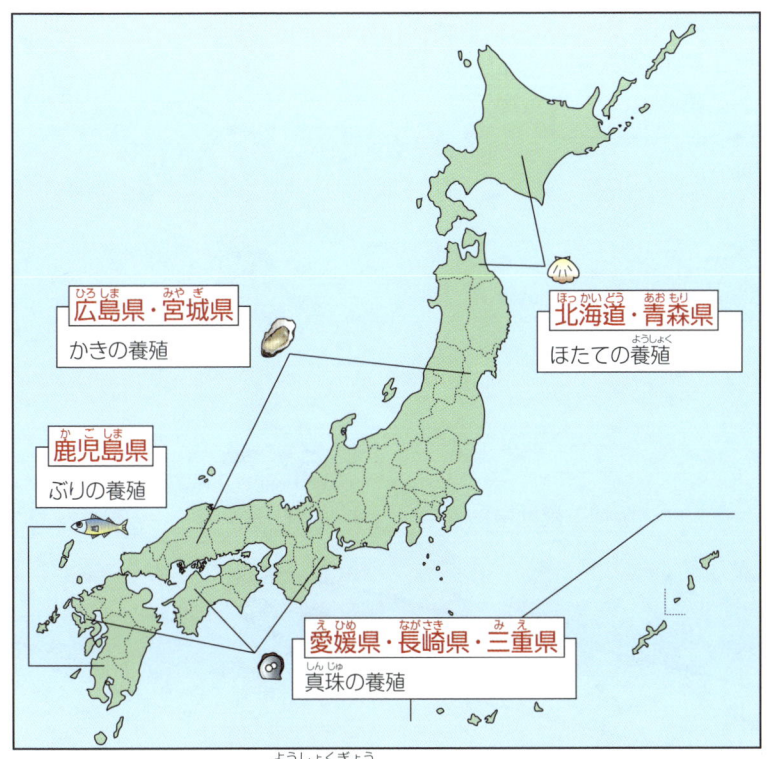

主な養殖業とさかんな場所

ポイント　漁業で重要な場所をおさえよう！

- 水あげ量の多い漁港…銚子港・焼津港・釧路港・八戸港
- ほたての養殖…北海道・青森県　　　　かきの養殖…広島県・宮城県
- 真珠の養殖…愛媛県・長崎県・三重県

入試ではここが問われる！

- 日本地図に漁港や，養殖のさかんな地域が示され，漁港の名前や，何が養殖されているかが問われます。
- ある漁港の魚介類別の生産統計が示され，その漁港の位置を地図から選ぶ問題が出されます。

第2章　日本の産業

15 工業地帯の広がり

　日本で工業がさかんなのは，関東地方の南部から九州地方の北部にかけて帯状に連なる，太平洋ベルトと呼ばれる地域です。工業生産額（出荷額）の割合の大きな種類の工業に注目しつつ，工業地帯・工業地域の特徴を確認しましょう。

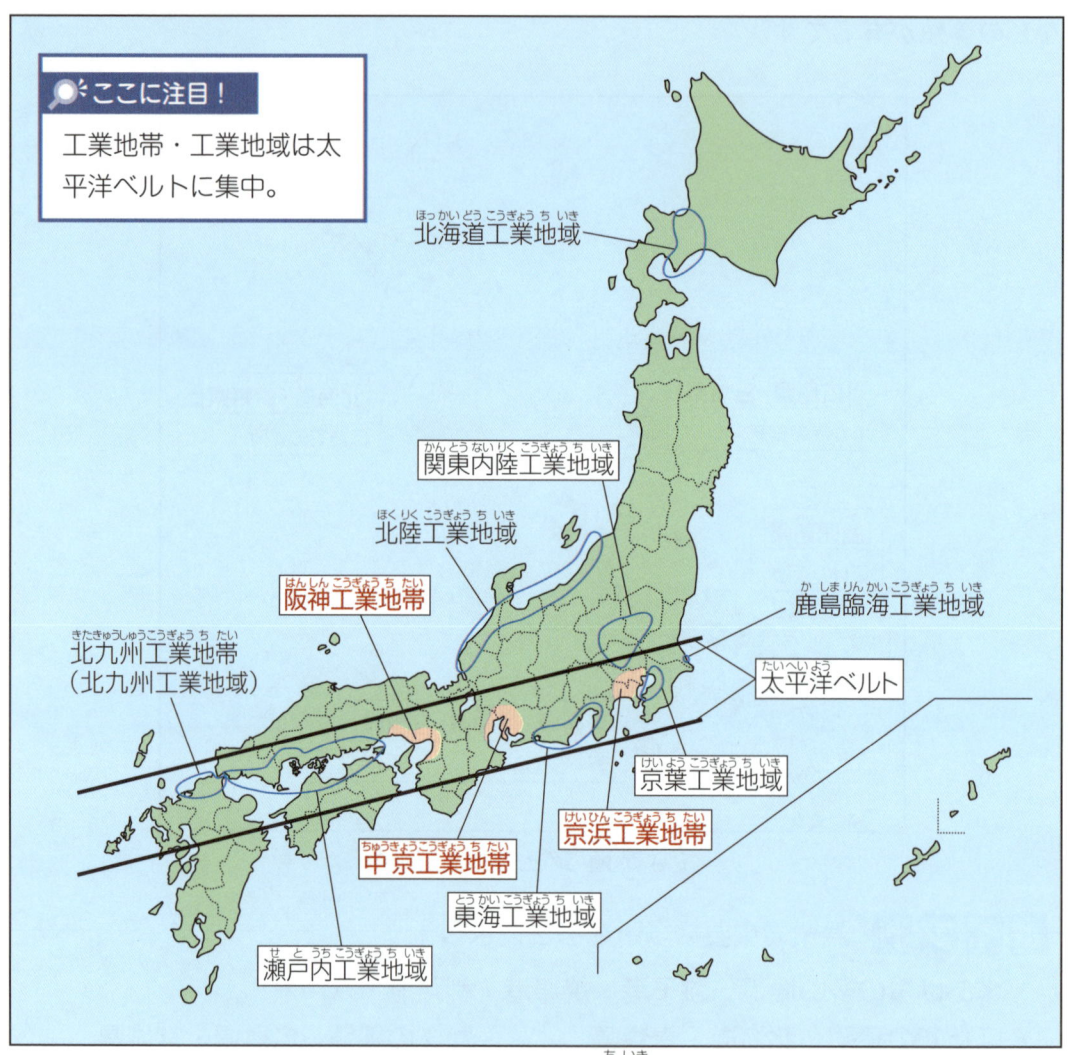

ここに注目！
工業地帯・工業地域は太平洋ベルトに集中。

北海道工業地域
関東内陸工業地域
北陸工業地域
阪神工業地帯
鹿島臨海工業地域
北九州工業地帯（北九州工業地域）
太平洋ベルト
京葉工業地域
京浜工業地帯
中京工業地帯
東海工業地域
瀬戸内工業地域

工業のさかんな地域

　生産額が全国一の中京工業地帯（愛知県・三重県）は，機械工業の比率がとても高く，豊田市（愛知県）周辺には自動車工場が多数立地しています。阪神工業地帯（大阪府・兵庫県）も機械工業中心の工業地帯ですが，金属工業の比率が高いのが特徴です。京浜工業地帯（東京都・神奈川県）も機械工業中心の工業地帯ですが，東京都は印刷業の生産額が全国一です。古くから工業が発達し，現在も工業がさかんなこれらの工業地帯を三大工業地帯といいます。

三大工業地帯のほかにも，工業のさかんな地域があります。

主な工業地域・工業地帯

工業地域・工業地帯	特徴
瀬戸内工業地域（岡山県・広島県・山口県・香川県・愛媛県）	機械工業中心ではあるが，化学工業の比率が高い。倉敷市（岡山県）の水島地区には，石油化学コンビナートのほか，製鉄所や自動車工場が立地している。
関東内陸工業地域（栃木県・群馬県・埼玉県）	機械工業中心。高速道路網が整備され，工業団地が形成。太田市（群馬県）などに自動車工場が立地している。
東海工業地域（静岡県）	機械工業中心。西部では自動車やオートバイなどの輸送用機械の生産，東部では紙・パルプの生産がさかん。
京葉工業地域（千葉県）	化学工業の比率がとても高く，東京湾沿岸に石油化学コンビナートが多数立地している。
北九州工業地帯（福岡県）	官営の八幡製鉄所を中心に古くから発達。機械工業中心だが，食料品工業や金属工業の比率も高い。

こうした工業地帯や工業地域を中心として工業がさかんになる一方，工場からの排水やけむりなどによって，各地で公害病が発生しました。1950年代から1960年代にかけて大きな問題となった，**水俣病・新潟水俣病・イタイイタイ病・四日市ぜんそく**の4つを四大公害病といいます。

四大公害病

ポイント 工業がさかんなところを覚えよう！

・太平洋ベルト…中京工業地帯などの工業地帯・工業地域が集中

入試ではここが問われる！

・複数の工業地帯・工業地域の生産額の割合を示したグラフが示され，該当する工業地帯・工業地域を地図中から選ぶ問題が出されます。

第2章　日本の産業

16　各種工業の分布

　工業の種類によって，製品を生産する工場などの分布にちがいが見られます。製鉄所（鉄鋼工場）や石油化学コンビナートなどの分布を見ながら，それぞれの産業がさかんな地域を確認していきましょう。

製鉄所の所在地（2016年　日本鉄鋼連盟資料）

石油化学コンビナートの所在地（2016年　石油化学工業協会資料）

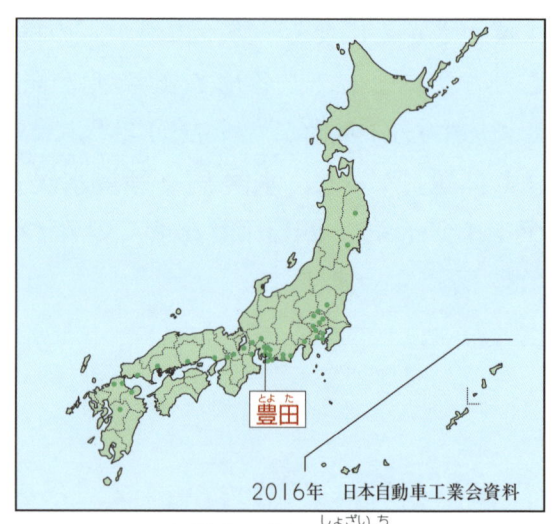

　製鉄に必要な鉄鉱石や石炭を大量に船で海外から輸入し，重くて大きい鉄製品を主に船で輸送するため，大きな高炉のある**製鉄所は太平洋ベルトの沿岸部に集中しています**。鉄鋼業は愛知県・兵庫県・千葉県などでさかんですが，太平洋ベルトからはなれた**室蘭市**（北海道）にも製鉄所は位置しています。また，北九州市（福岡県）には，明治時代に操業を開始し，日本の重化学工業の近代化に大きな役割を果たした官営の**八幡製鉄所**の流れをくむ製鉄所があります。

自動車工場の所在地（2016年　日本自動車工業会資料）

　石油精製工場や石油化学工場などが集中する**石油化学コンビナート**は，原料となる石油を船で輸入するため，製鉄所と同様，太平洋ベルトの沿岸部に集中しています。東京湾に面した**千葉県**や神奈川県に多いなど，所在地の傾向が製鉄所とやや似ていますが，鉄鋼業がさかんな愛知県や兵庫県には石油化学コンビ

ナートは立地していない、といった特徴があります。

　自動車工場も太平洋ベルトに集中していますが、沿岸部だけではなく、内陸部にも数多くの工場が立地しています。日本で自動車生産が最もさかんな都市である豊田市（愛知県）は、海に面していません。また、関東地方の内陸県である埼玉県や群馬県でも、自動車生産がさかんです。

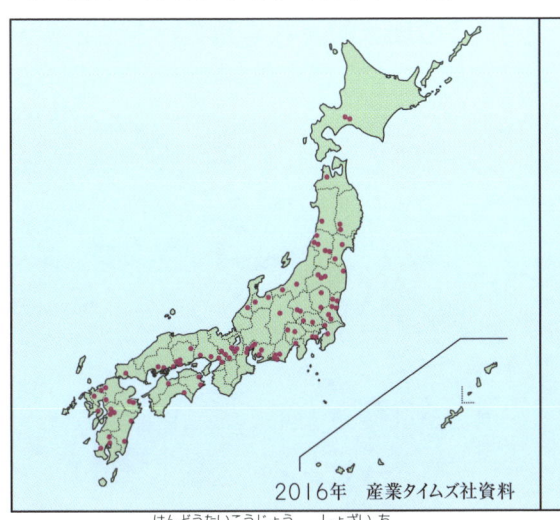

半導体工場の所在地　　　　　　セメント工場の所在地

　IC（集積回路）などの半導体製品を生産する工場を半導体工場といいます。半導体工場は太平洋ベルトだけでなく、九州地方や東北地方など、広く全国に数多く立地しています。小型・軽量で高価という製品の特性上、トラックや飛行機での輸送に便利な高速道路沿いや空港の近くに多くの工場があります。

　セメント工場は主原料となる石灰石の産地の近くに集中しているのが特徴で、埼玉県・山口県・福岡県に数多く立地しています。

> **ポイント**　分布傾向のちがいに注目しよう！
> - 製鉄所…太平洋ベルトの沿岸部に集中
> - 石油化学コンビナート…太平洋ベルトの沿岸部に集中
> - 自動車工場…沿岸部だけでなく内陸部にも立地
> - 半導体工場…広く全国に分布
> - セメント工場…石灰石の産地の近くに集中

> **入試ではここが問われる！**
> - 工場などの分布を示した日本地図が示され、何の分布を示した地図かが問われます。

第2章　日本の産業

17　伝統工業と特色ある工業

　近代以前から伝わってきた，すぐれた技術から生み出される手作りの製品を**伝統的工芸品**といい，材料や制作方法に地域の特色が見られます。また，伝統的工芸品をつくる工業を**伝統工業**といいます。この地域的特色を見ていきましょう。

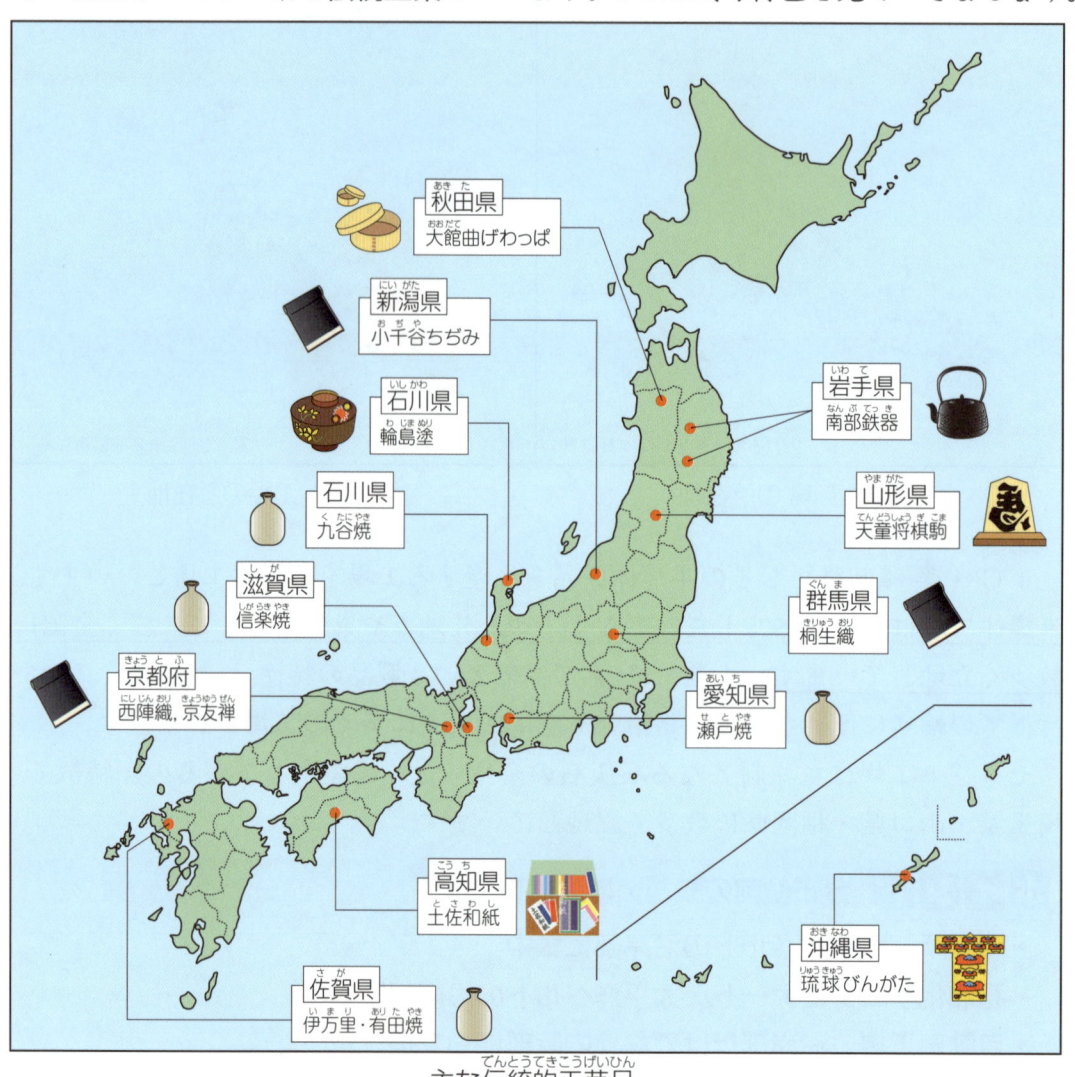

秋田県 大館曲げわっぱ
新潟県 小千谷ちぢみ
石川県 輪島塗
岩手県 南部鉄器
石川県 九谷焼
山形県 天童将棋駒
滋賀県 信楽焼
群馬県 桐生織
京都府 西陣織，京友禅
愛知県 瀬戸焼
高知県 土佐和紙
沖縄県 琉球びんがた
佐賀県 伊万里・有田焼

主な伝統的工芸品

関連 ➡ 42ページ　製鉄所の所在地　　関連 ➡ 42ページ　自動車工場の所在地

　経済産業省によって，全国で200以上の品が，伝統的工芸品として指定されています。種類別に見ると，主なものに，陶磁器・漆器・織物・染色品などがあります。**陶磁器**は，土や石を原料とし，かまで焼き上げる器のことです。**漆器**は，おわん・おぼんの木地に，うるしを何度もぬった器です。**織物**は糸を織機にかけて織った布のこと，**染色品**は布を染めて色をつけたもののことです。

主な伝統的工芸品の種類，産地と品名

種類	産地と品名
陶磁器	九谷焼（石川県），瀬戸焼（愛知県），信楽焼（滋賀県），伊万里・有田焼（佐賀県）
漆器	輪島塗（石川県）
織物	桐生織（群馬県），小千谷ちぢみ（新潟県），西陣織（京都府）
染色品	京友禅（京都府）

　近代以降生まれた工業にも，特定の地域に根ざしたものがあります。特定の地域に根ざした工業のことを，伝統工業もふくめて，地場産業と呼びます。この地域といえばこの製品といえるような特色のある製品を覚えておきましょう。

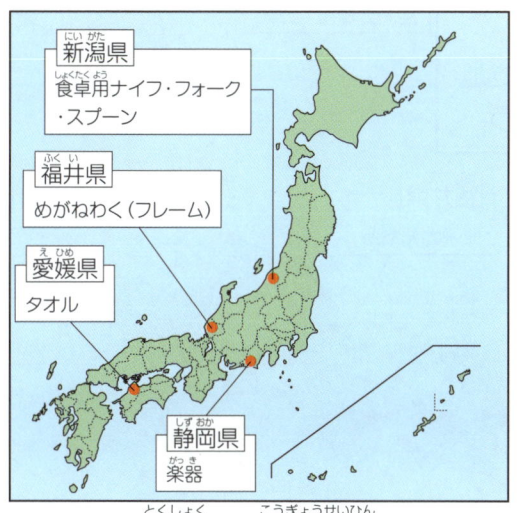

新潟県
食卓用ナイフ・フォーク・スプーン

福井県
めがねわく（フレーム）

愛媛県
タオル

静岡県
楽器

特色ある工業製品

ポイント 主な伝統的工芸品と産地について覚えよう！

- 陶磁器…九谷焼（石川県），伊万里・有田焼（佐賀県）
- 漆器…輪島塗（石川県）
- 織物…西陣織（京都府）

入試ではここが問われる！

- 日本地図に伝統的工芸品の産地が示され，それについて述べた文を組み合わせる問題が出されます。
- 地場産業の統計（都道府県別生産割合）が示され，その地場産業の行われる地域を地図から選ぶ問題が出されます。

第2章　日本の産業

18 エネルギーと資源

　日本の発電所の地理的分布の特徴を，発電の種類別におさえておきましょう。また，資源の輸入相手国を確認しておきましょう。

- ● 水力発電所
- ■ 火力発電所
- × 原子力発電所
- ▲ 風力発電所
- ★ 地熱発電所

🔍 **ここに注目！**
それぞれの発電所が立地する理由をおさえよう。

青森県・秋田県
風力発電所（風車）

岩手県・秋田県
地熱発電所

福井県
原子力発電所

福島県
原子力発電所

東京湾沿岸
火力発電所

伊勢湾沿岸
火力発電所

大分県
地熱発電所

（水力は2015年3月末現在，風力は2011年3月現在，地熱は2010年現在，火力は2016年3月末現在，原子力は2017年1月1日現在）

主な発電所の分布

　原子力発電所が多く立地する場所は，福井県（若狭湾沿岸）や福島県などの地盤の固い沿岸部です。2011年の東日本大震災により放射性物質がもれる事故が起こった福島第一原子力発電所は，廃止が決まりました。火力発電所は，工場が集中し，多くの電力を必要とする東京湾沿岸・伊勢湾沿岸などに多く造られています。水力発電所は，ダムを建設するのに適している山間部に多く造られています。
　風力発電所（風車）は，風が強く，広い土地のある青森県・秋田県の沿岸部な

どに多く造られています。地熱発電所は、地中の高い熱を利用できる大分県・岩手県・秋田県などで多く造られています。

発電所が多い主な場所

発電種類	主な場所
原子力発電所	福井県（若狭湾沿岸），福島県
火力発電所	東京湾沿岸・伊勢湾沿岸
水力発電所	ダムを建設するのに適している山間部
風力発電所（風車）	青森県・秋田県
地熱発電所	大分県・岩手県・秋田県

日本は資源の少ない国で、エネルギーや工業原料となる資源の多くを、外国から輸入しています。石油と石炭の主な輸入相手国は、下の地図のとおりです。

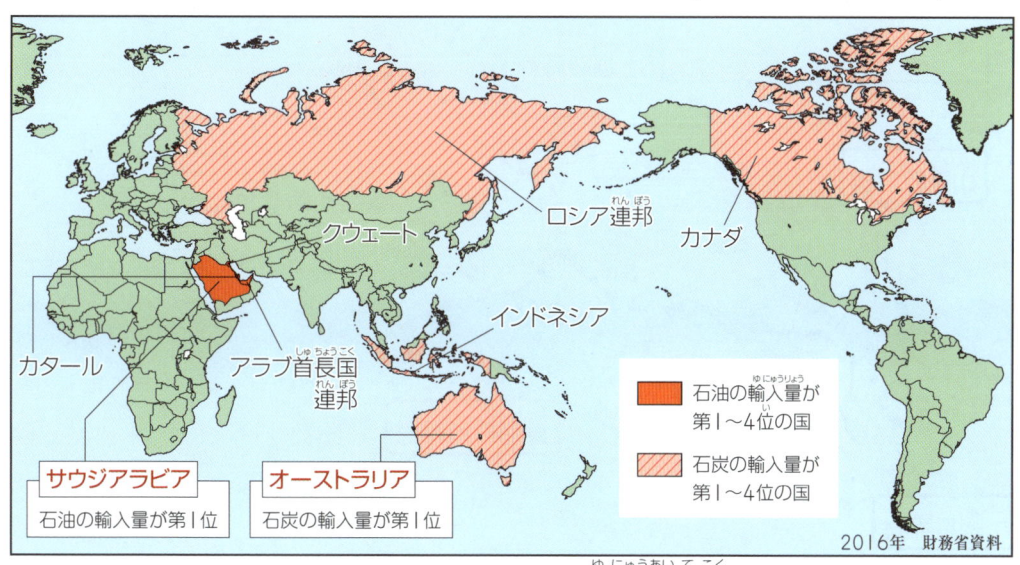

日本の石油・石炭の主な輸入相手国

ポイント 発電所の分布と、資源の輸入相手国についておさえよう！

- 発電所…福井県・福島県（原子力発電所），青森県・秋田県（風力発電所）
- 資源の輸入相手国…サウジアラビア（石油），オーストラリア（石炭）

入試ではここが問われる！

- 発電所の分布を示した日本地図がかかげられ、何の種類の発電所を示したものかが問われます。

第 2 章　日本の産業

19　交通と輸送

　日本の長距離交通において重要な新幹線・高速道路について，路線の名前と位置をおさえておきましょう。また，主な貿易港・空港の位置を覚えましょう。

新幹線

　新幹線は，1960年代に東海道新幹線が開業して以来，各地に拡張していきました。現在は，東海道新幹線のほか，山陽新幹線・上越新幹線・東北新幹線・北陸新幹線（長野新幹線）・山形新幹線・秋田新幹線・九州新幹線が走っています。最近では，2015年に北陸新幹線の長野駅－金沢駅間が開業し，2016年には北海道新幹線の新青森駅－新函館北斗駅間が開業しました。今後も，現在ある新幹線の延長や，新しい新幹線の開業が続きます。

高速道路

本州四国連絡橋

主な貿易港と空港

　高速道路は，1960年代に**名神高速道路**・**東名高速道路**が開通して以来，全国に広がっていきました。最近では，2012年に，東名高速道路と並行して走る**新東名高速道路**が一部の区間で開通しました。日本では，自動車が旅客輸送・貨物輸送ともに，最も輸送量が多い交通手段となっています。
　島と島を結ぶ橋として代表的なものには，**本州四国連絡橋**などがあります。
　日本の貿易港として貿易額の多い港には，**成田国際空港**・**名古屋港**・**東京港**などがあります。代表的な空港としては，成田国際空港のほかに，海上に造られた**関西国際空港**・**中部国際空港**などがあります。

ポイント　新幹線・高速道路の主な路線をおさえよう！

- 新幹線…**東海道新幹線・山陽新幹線**など
- 高速道路…**名神高速道路・東名高速道路・新東名高速道路**など

入試ではここが問われる！

- 鉄道・道路などの路線を示した日本地図がかかげられ，どの新幹線・高速道路を示したものかが問われます。
- 成田国際空港などの貿易港の位置を地図上から選ぶ問題が出されます。

第2章　日本の産業

確認問題

次の地図を見て，下の問いに答えなさい。

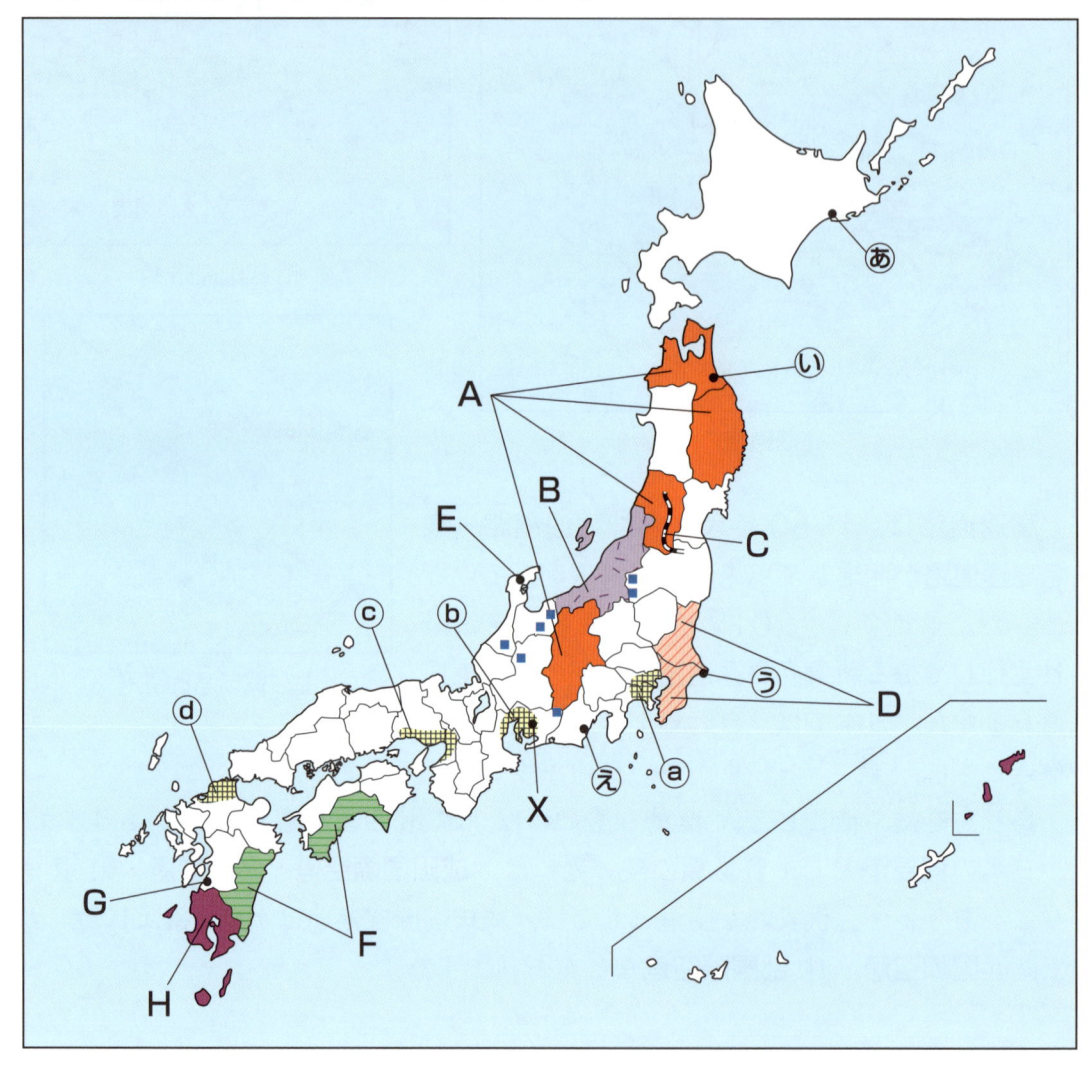

(1) 地図中にAで示した4つの県で生産がさかんな農作物として正しいものを，次のア～エの中から1つ選び，記号を書きなさい。　➡12

　ア　みかん　　イ　ぶどう　　ウ　りんご　　エ　茶

(2) 地図中のBの県では，豊富な雪解け水を利用できることなどから，ある農作物の単作地帯が広がっています。この農作物の名前を書きなさい。　➡10

(3) 地図中のCは，ある新幹線の路線を示しています。この新幹線として正しいものを，次のア～エの中から1つ選び，記号を書きなさい。　➡19

　ア　秋田新幹線　　イ　山形新幹線　　ウ　北陸新幹線　　エ　東北新幹線

(4) 地図中にDで示した2つの県では,大都市圏への近さを生かして,新鮮な農作物を出荷する農業がさかんです。このような農業を何といいますか。 ⇒ 11

(5) 地図中のEの都市で作られている伝統的工芸品として正しいものを,次のア～エの中から1つ選び,記号を書きなさい。 ⇒ 17
　ア　大館曲げわっぱ　　イ　小千谷ちぢみ　　ウ　輪島塗　　エ　信楽焼

(6) 地図中にFで示した2つの県で,さかんに促成栽培が行われている野菜として正しいものを,次のア～エの中から1つ選び,記号を書きなさい。 ⇒ 11
　ア　ピーマン　　イ　レタス　　ウ　キャベツ　　エ　たまねぎ

(7) 地図中のGの都市を中心とした地域では,1950年代から1960年代にかけて,のちに四大公害病の1つといわれた病気が発生しました。この病気の名前を書きなさい。 ⇒ 15

(8) 地図中のHの県で,肉用牛・にわとりのほかに飼育がさかんな家畜の名前を1つ書きなさい。 ⇒ 13

(9) 地図中のⓐ～ⓓは,工業地帯を示しています。この中で,生産額が最も多いところを1つ選び,記号を書きなさい。 ⇒ 15

(10) 地図中のⓑの工業地帯にあるXの都市は,自動車生産が日本で最もさかんな都市として有名です。この都市の名前を書きなさい。 ⇒ 16

(11) 地図中のあ～えは,水あげ量が多い漁港を示しています。この中で,遠洋漁業が最もさかんな漁港を1つ選び,記号を書きなさい。 ⇒ 14

(12) 地図中の■は,ある発電所の分布を示しています。この発電所として正しいものを,次のア～エの中から1つ選び,記号を書きなさい。 ⇒ 18
　ア　火力発電所　　イ　水力発電所　　ウ　原子力発電所　　エ　地熱発電所

解答らん

(1)		(2)	
(3)		(4)	
(5)		(6)		(7)	
(8)		(9)			
(10)		(11)		(12)	

⇒「答え」は114ページ

入試地図お役立ち知識

2 この島はどこにある？

　有名な島でも，どの都道府県に属するかが意外に知られていない場合があります。日本の主要な島について，その場所とともに，属する都道府県を覚えておきましょう。

　また，入試では，島の形を手がかりに，いろいろな事柄を問う問題も出されます。主要な島の輪郭を覚えるようにしましょう。

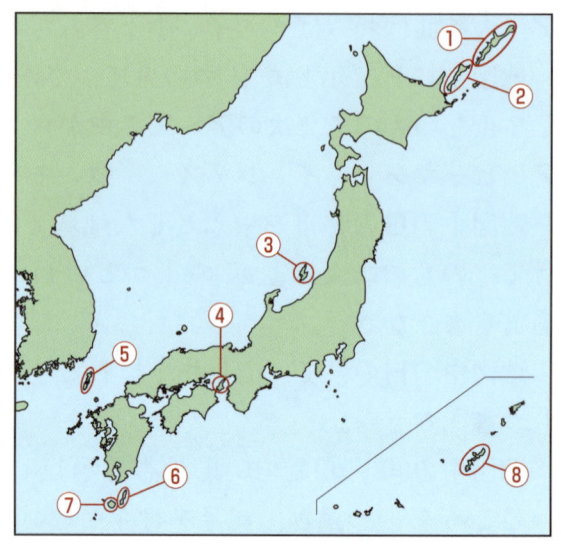

日本の主な島

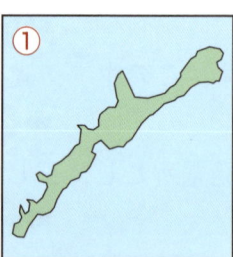

① 択捉島（北海道）
北方領土の1つ

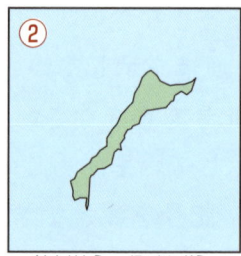

② 国後島（北海道）
北方領土の1つ

③ 佐渡島（新潟県）
トキの飼育で有名

④ 淡路島（兵庫県）
たまねぎの産地

⑤ 対馬（長崎県）
韓国と近い

⑥ 種子島（鹿児島県）
宇宙センターが有名

⑦ 屋久島（鹿児島県）
世界自然遺産

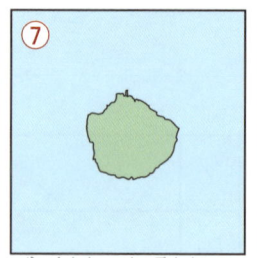

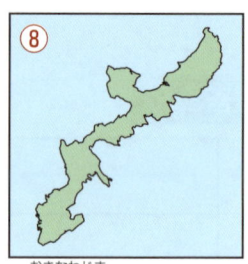

⑧ 沖縄島（沖縄県）
観光業がさかん

縮尺は同じではありません。

似た形の島もあるので，まちがえないように輪郭を覚えておきましょう！

第3章

日本の諸地域，都道府県

		ページ
⑳	北海道地方	54
㉑	東北地方	56
㉒	関東地方 ★	58
㉓	中部地方 ★	60
㉔	近畿地方	62
㉕	中国地方・四国地方	64
㉖	九州地方	66
㉗	南西諸島	68
	確認問題	70
	入試地図お役立ち知識 ❸ 日本を数字で知ろう	72

★がついているところは，とくに重要です。よく学習しておきましょう。

第3章　日本の諸地域，都道府県

20　北海道地方

この章では，日本を地方ごとにながめていきます。北海道地方は広いため，地形・都市・産業が道内のどこに位置するのかという点まで気を配りましょう。

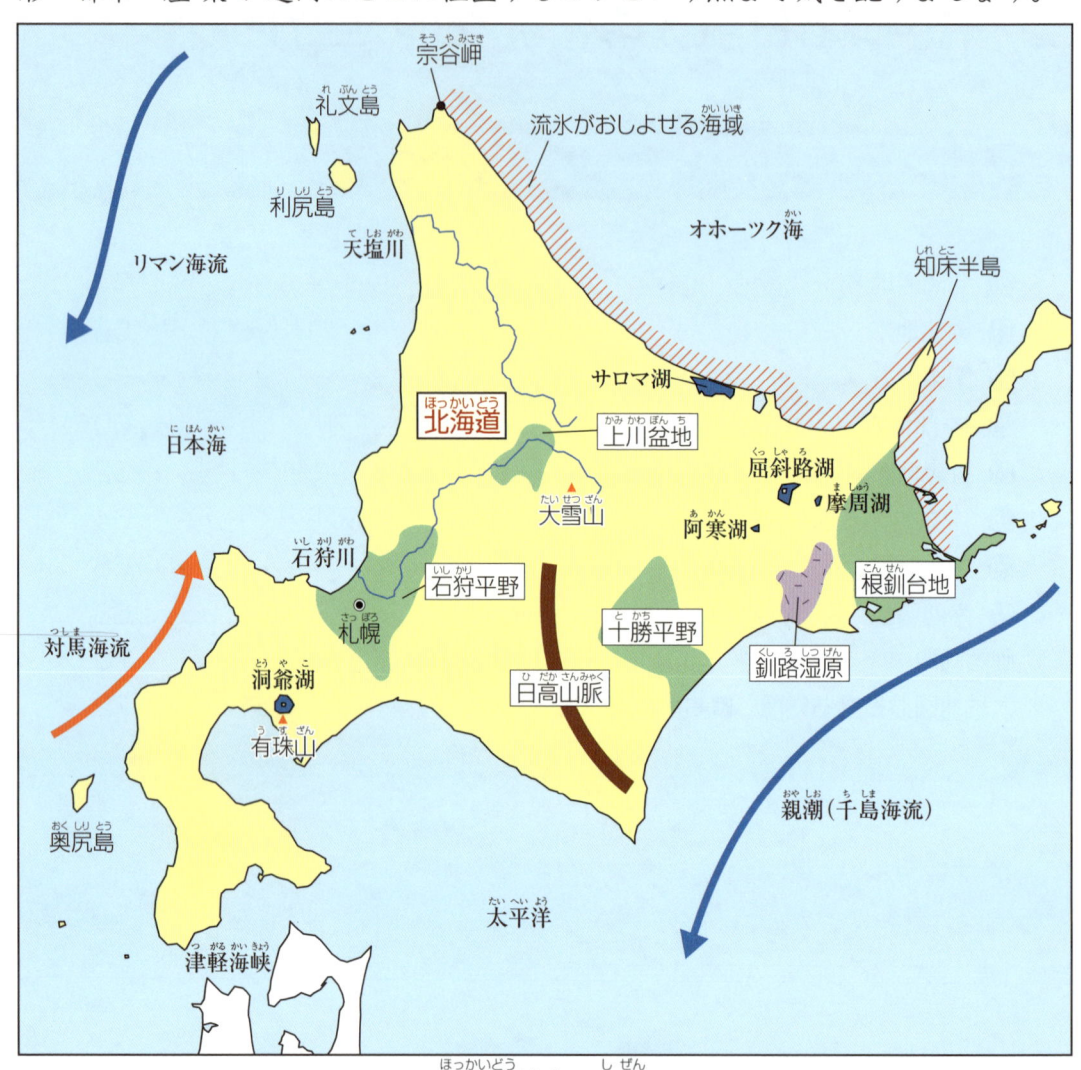

北海道地方の自然

北海道には**有珠山**など多数の火山があり，**摩周湖**・屈斜路湖・阿寒湖・洞爺湖などは火山の活動によってできた湖です。**十勝平野・根釧台地**は火山灰地であるため稲作には向かず，畑作や酪農がさかんです。**石狩平野**は，土地改良により稲作がさかんになりました。
　湾が海から切りはなされてできた**サロマ湖**は，北海道最大の湖で，ほたてなどの養殖がさかんです。

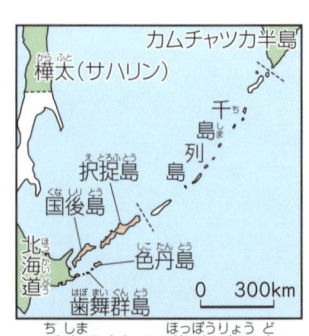

千島列島と北方領土

北海道地方の農業・漁業・工業

　北海道の農業産出額・漁業生産額は，いずれも2位の県に大差をつけての日本一です。農水産物を加工する**食料品工業**が**札幌市**など道内各地でさかんであり，北海道の主力工業となっています。また，豊富な水資源・森林資源を背景に，**苫小牧市**などで**製紙業**がさかんです。**室蘭市**には**製鉄所**が立地しています。

ポイント　地域ごとの産業を自然と結びつけながら整理しよう！

- 農業…稲作（石狩平野）・畑作（十勝平野）・酪農（十勝平野・根釧台地）
- 工業…食料品工業（札幌市）・製紙業（苫小牧市）・鉄鋼業（室蘭市）

入試ではここが問われる！

- 北海道内の地域ごとに，農業の特徴が問われます。
- 製鉄所・製紙業の分布を示す地図では，北海道に特徴が表れます。

第3章 日本の諸地域，都道府県

21 東北地方

　東北地方は農業や漁業がさかんな地域です。また，交通機関の発達にともなって工業も進出してきています。東北地方の様子を見ていきましょう。

ここに注目！
東北地方沖の太平洋は黒潮と親潮の潮目にあたり，好漁場。三陸海岸南部のリアス海岸では養殖業がさかん。

東北地方の自然と農業・漁業

　東北地方の大きな川の下流に発達した平野では，**稲作**がさかんです。夏の東北地方日本海側は太平洋側よりも気温が高く，豊富な雪解け水もあるため，特に稲作がさかんです。**秋田平野・横手盆地**（以上秋田県）・**庄内平野**（山形県）は代表的な水田単作地帯となっています。また，果物の生産がさかんな県もあり，りんごの生産量日本一は**青森県**，さくらんぼの生産量日本一は**山形県**です。
　林業もさかんで，**青森ヒバ**と**秋田スギ**は，木曽ヒノキとともに，天然の三大美林に数えられます。世界遺産の**白神山地**にはブナの天然林が広がります。

東北地方の工業・交通など

　東北地方各地に**伝統的工芸品**や**祭り**などの伝統的な文化があり，有名なものも多くあります。また，近年は交通網の整備などにより，東北地方に**半導体工場**が数多く進出しています。2011年の東日本大震災で事故を起こした**福島第一原子力発電所**をはじめ，原子力発電所が青森県・宮城県・福島県に立地しています。

ポイント　県ごとの特徴を覚えよう！

- 農業…稲作（秋田県など）・りんご（青森県）・さくらんぼ（山形県）
- 伝統工業…南部鉄器（岩手県）・宮城伝統こけし・天童将棋駒（山形県）

入試ではここが問われる！

- 県を判定する問題では，地形や産業のほか，伝統的な文化がカギになる場合があります。

ここに注目！
東北地方のすべての県を新幹線が通っている。新青森駅と札幌駅を結ぶ北海道新幹線の建設が進行中。

第3章 日本の諸地域，都道府県

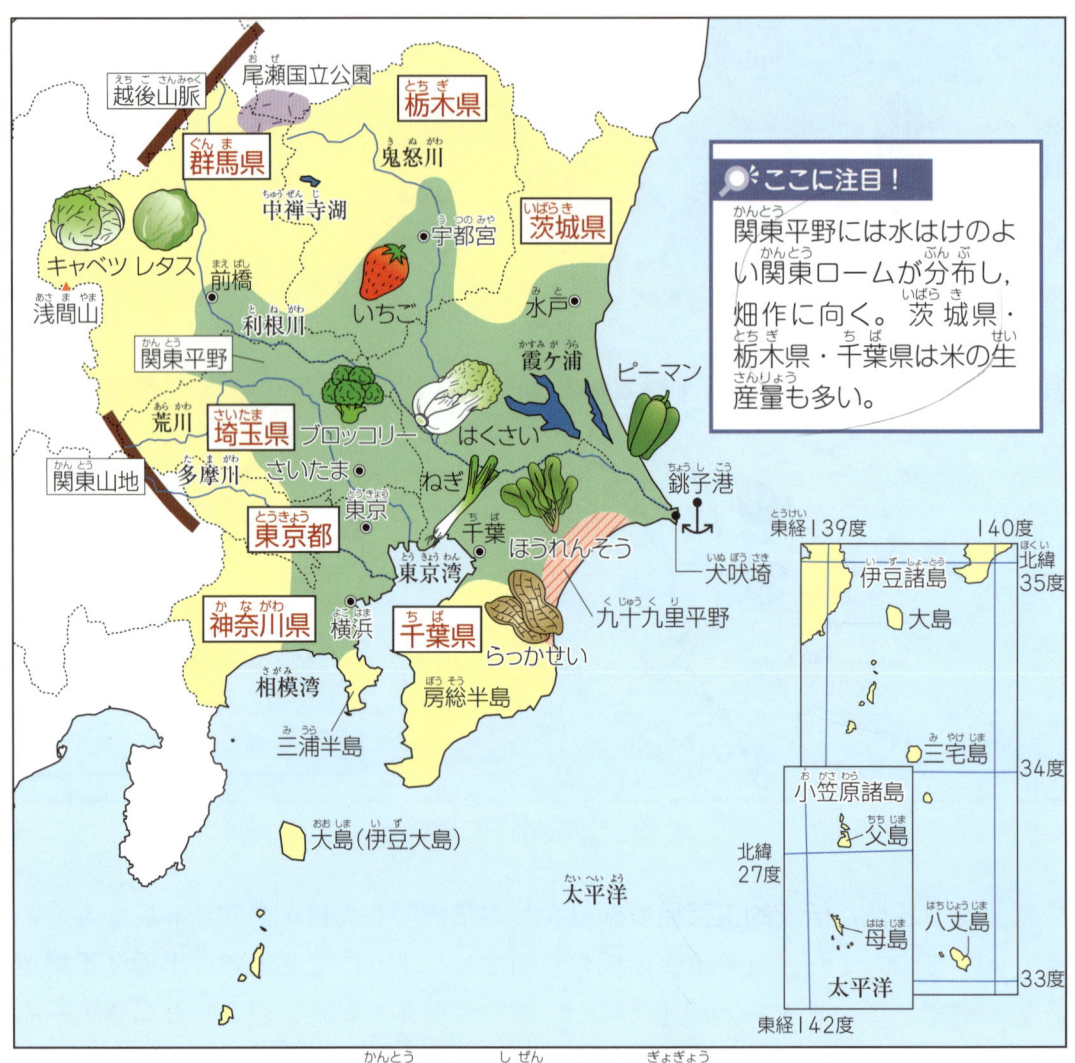

22 関東地方

　首都と4000万人以上の人口をかかえる関東地方は，日本の中心ともいえる地域です。平野が広がり，各種産業がさかんな関東地方を見ていきましょう。

ここに注目！
関東平野には水はけのよい関東ロームが分布し，畑作に向く。茨城県・栃木県・千葉県は米の生産量も多い。

関東地方の自然と農業・漁業

　関東地方には日本最大の**流域面積**をもつ**利根川**が流れ，**荒川**などとともに広大な**関東平野**を形成しています。
　大都市の近くにある茨城県や千葉県，埼玉県などでは，野菜を中心とした**畑作**がさかんです（**近郊農業**）。いたみやすい葉物野菜（ほうれんそうなど）を中心に，都道府県別生産量で上位に入っています。また，群馬県の**浅間山**周辺の高原では，すずしい気候を生かした**抑制栽培**により，**キャベツやレタス**が生産されています。

関東地方の工業など

　京浜工業地帯では，機械工業のほか印刷業がさかんです。**京葉工業地域・鹿島臨海工業地域**では化学工業・金属工業が，関東内陸工業地域では機械工業が中心です。成田国際空港・東京港は日本を代表する貿易港であり，大都市と工業地域に近いため，食料品・日用品の輸入と工業製品の輸出が特徴です。

> **ポイント** 地域ごとの特徴を覚えよう！
> - 農業…茨城県・千葉県などの近郊農業，群馬県の高原の抑制栽培
> - 工業…京浜工業地帯の印刷，臨海部の化学・金属，内陸部の機械

> **入試ではここが問われる！**
> - 山地や川などの地名を問う問題が多く出されます。
> - 農業や工業に関する統計と，地図を組み合わせた問題が出されます。

第3章　日本の諸地域，都道府県

23 中部地方

中部地方は大きく3つに分けることができ，新潟県・富山県・石川県・福井県を北陸地方，山梨県・長野県・岐阜県北部を中央高地，静岡県・愛知県・岐阜県南部を東海地方といいます。それぞれの特徴をおさえていきましょう。

🔍 **ここに注目！**
地域ごとの気候のちがいが，農産物に反映されている。

中部地方の自然と農業・漁業

　北陸地方の**越後平野**・**富山平野**などは，雪が多い冬に農作業ができず，春〜秋に雪解け水を生かした稲作を行う**水田単作地帯**となっています。中央高地では，すずしい気候を生かした**高原野菜の抑制栽培**や，ぶどう・もも・りんごなどの果物の栽培がさかんです。東海地方の静岡県では温暖な気候を生かした**みかん**や**茶**の栽培が，愛知県では都市向けの**キャベツ**などの畑作がさかんです。また，**木曽三川**下流の**濃尾平野**には低地が広がり，**輪中**が発達しています。

ここに注目！

中京工業地帯は機械工業が中心だが，軽工業がさかんな都市もある。

中部地方の工業

- 県庁所在地
- 主な都市
- 主な工業
- 主な伝統的工芸品

（地図中の主な表記）
- 輪島塗
- 石川県
- 柏崎刈羽原子力発電所
- 阿賀野川
- 新潟水俣病発生地
- 新潟
- 三条（金属製品）
- 北陸工業地域
- 新潟県
- 加賀友禅
- 金沢
- 神通川
- 富山（製薬）
- 長野
- 九谷焼
- 富山県
- イタイイタイ病発生地
- 長野県
- 諏訪（電子工業）
- 福井県
- 福井
- 岐阜県
- 山梨県
- 甲府
- 原子力発電所
- 鯖江（めがねわく）
- 美浜
- 敦賀
- 高浜　大飯
- 一宮（せんい）
- 中京工業地帯
- 岐阜
- 瀬戸（陶磁器）
- 富士（製紙）
- 四日市ぜんそく発生地
- 静岡県
- 四日市（石油化学）
- 名古屋
- 豊田（自動車）
- 静岡
- 鈴鹿（自動車）
- 愛知県
- 東海工業地域
- 浜岡原子力発電所
- 東海（鉄鋼）
- 浜松（楽器・オートバイ）

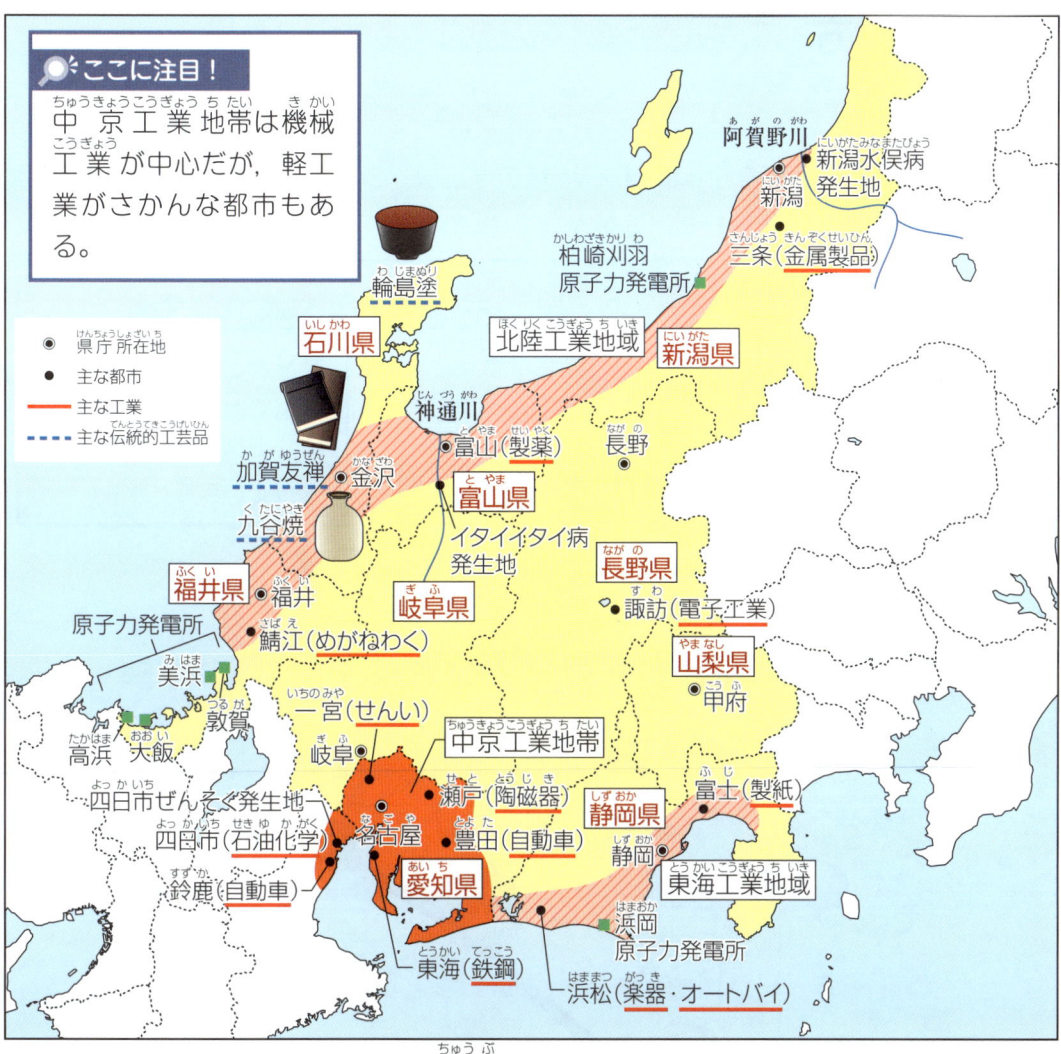

中部地方の工業

　中京工業地帯は，豊田市の自動車工業など，機械工業が中心です。**北陸工業地域・東海工業地域**には，鯖江市のめがねわく，富士市の製紙など，特徴的な工業があります。中央高地では，長野県に電子工業などが進出しています。

ポイント　3つの地域ごとに覚えよう！

- 北陸地方…水田単作地帯，北陸工業地域
- 中央高地…高原野菜の抑制栽培，ぶどう，もも
- 東海地方…静岡県の茶，愛知県のキャベツ，中京工業地帯，東海工業地域

入試ではここが問われる！

- 農業や工業の特産品をもとに県名や地名が問われるほか，産業に関係の深い山や川の名前も問われます。

24 近畿地方

　近畿地方は，大阪府を中心とする地域です。また，京都市や奈良市など，歴史をもつ地域が多くあります。近畿地方の様子を見ていきましょう。

ここに注目！
琵琶湖と，琵琶湖から流れ出て大阪湾に注ぐ淀川は，近畿地方の水がめとなっています。

近畿地方の自然と農業・漁業

　近畿地方の南部をしめる**紀伊半島**は，日本最大の半島です。紀伊半島の中央部には**紀伊山地**があり，吉野スギや尾鷲ヒノキなどの林業がさかんです。また，和歌山県はみかんやうめなどの果物の栽培がさかんな県です。和歌山県南部にある勝浦港は，マグロなどの遠洋漁業の基地となっています。太地港はクジラやイルカの漁で有名です。
　瀬戸内海最大の島である**淡路島**は，たまねぎの栽培で知られています。明石海峡大橋によって神戸市と，大鳴門橋によって徳島県鳴門市と結ばれています。

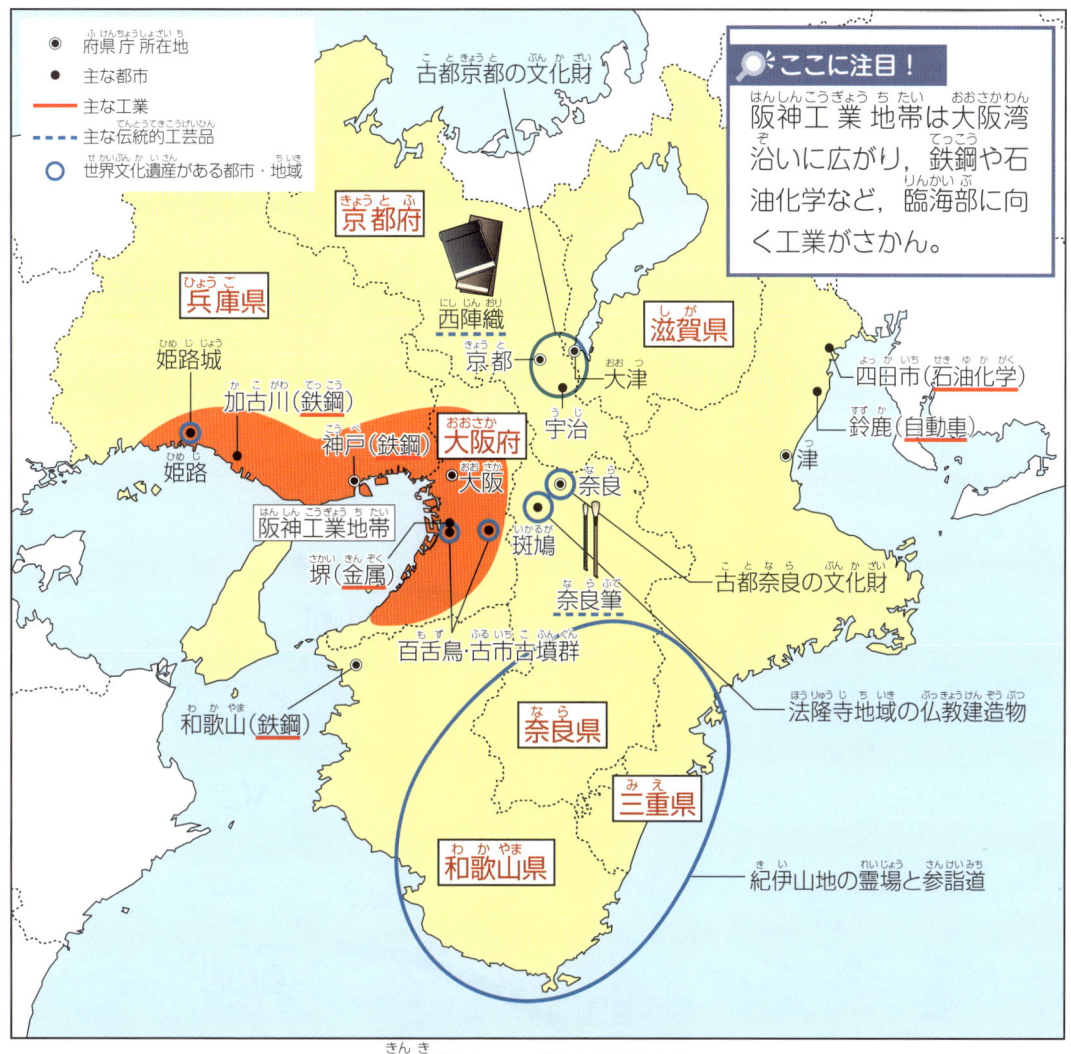

近畿地方の工業と世界遺産

　近畿地方には，**金属工業**がさかんな**阪神工業地帯**があります。また，**西陣織**（京都府）や**奈良筆**（奈良県）などの伝統工業がさかんな地域もあります。

　古くから日本の中心としてさかえていた近畿地方には多くの史跡があり，全府県に**世界文化遺産**があります。

> **ポイント** 産業ごとに特徴を覚えよう！
>
> ・農業…和歌山県のみかん・うめ，淡路島のたまねぎ
> ・工業…阪神工業地帯では金属工業がさかん

> **入試ではここが問われる！**
>
> ・自然地形の名前を問われるほか，世界文化遺産に関する問題では，歴史の知識も要求されます。

ここに注目！
阪神工業地帯は大阪湾沿いに広がり，鉄鋼や石油化学など，臨海部に向く工業がさかん。

第3章　日本の諸地域，都道府県

25　中国地方・四国地方

中国地方・四国地方は，日本海側・瀬戸内・太平洋側の3つの地域に大きく分けられます。それぞれの地域の特徴をおさえましょう。

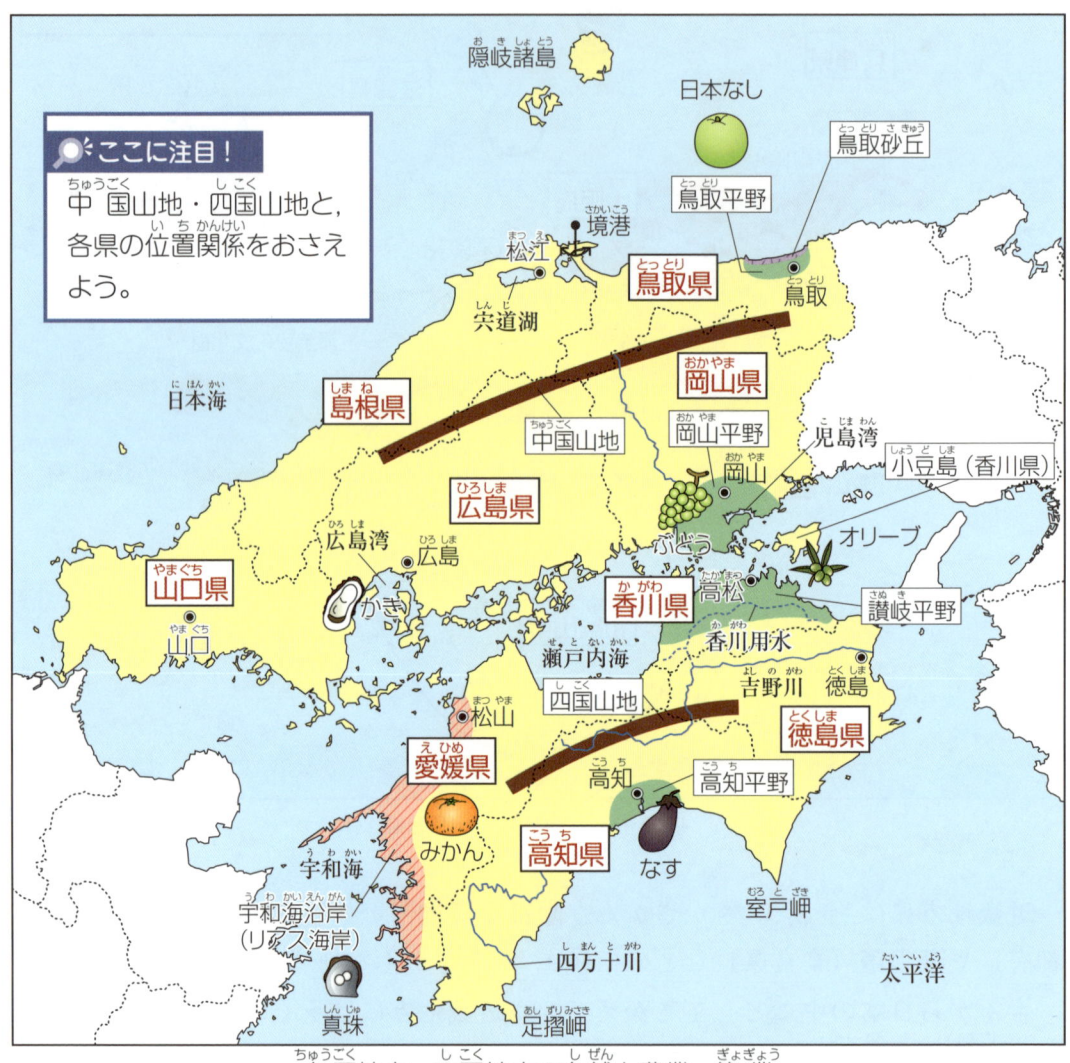

ここに注目！
中国山地・四国山地と，各県の位置関係をおさえよう。

中国地方・四国地方の自然と農業・漁業

中国地方には**中国山地**が，四国地方には**四国山地**が，それぞれ東西に長く延び，日本海側・瀬戸内・太平洋側での気候のちがいをもたらしています。

中国地方・四国地方の主な農産物・水産物と産地

産地	農産物・水産物	産地	農産物・水産物
岡山平野	ぶどう（マスカット）	広島湾	かき
愛媛県	みかん・真珠	高知平野	なす

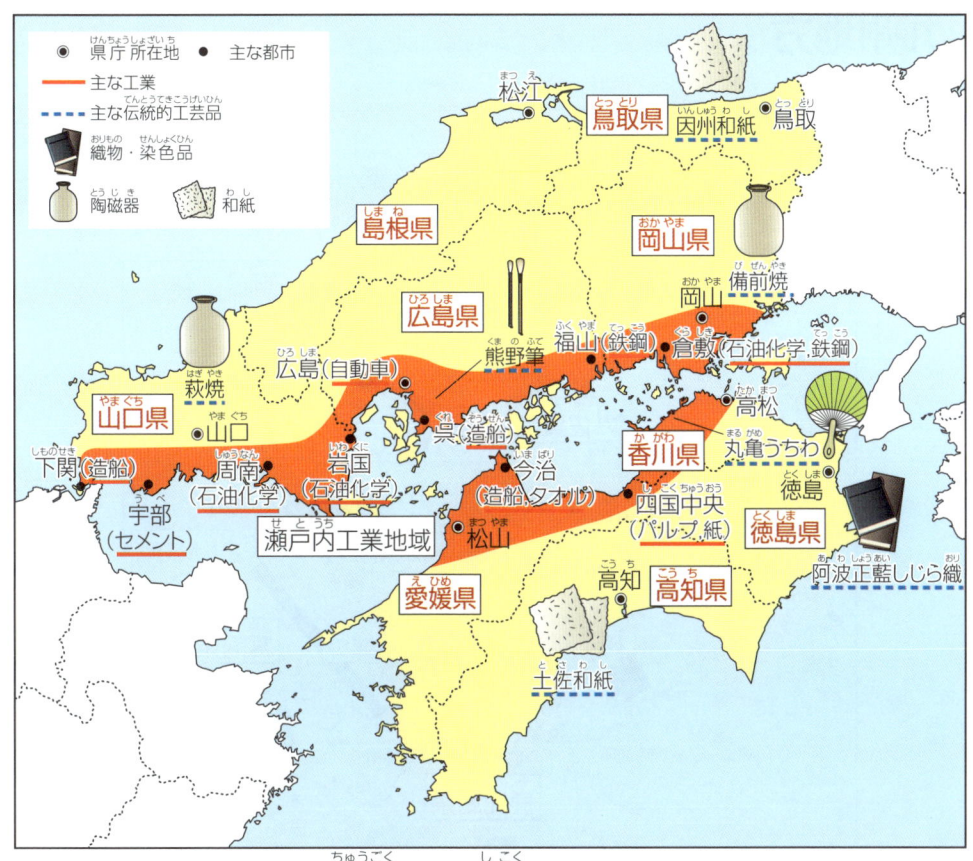

中国地方・四国地方の工業

中国地方・四国地方には、日本有数の工業地域である**瀬戸内工業地域**が広がっています。瀬戸内工業地域には、大きな石油化学コンビナートや製鉄所があるため、ほかの工業地帯・地域に比べて、化学工業・金属工業の割合が高くなっています。

> **ポイント** 中国地方・四国地方の自然・産業についておさえよう！
> - 地形…中国山地，四国山地，リアス海岸（宇和海沿岸）
> - 農業・漁業…みかん（愛媛県），なす（高知平野），かき（広島湾）
> - 工業…瀬戸内工業地域

> **入試ではここが問われる！**
> - 中国地方・四国地方の地図が示され，県名や県庁所在地名が問われます。
> - 愛媛県のみかん，高知平野のなす，広島湾のかきなど特徴的な農産物・水産物や，瀬戸内工業地域の特徴について問われます。

第3章 日本の諸地域，都道府県

26 九州地方

　九州地方は，野菜作りなどの農業や，ＩＣ（集積回路）生産などの工業がさかんです。ここでは，南西諸島をのぞく九州地方の特徴をおさえましょう。

九州地方の自然と農業・漁業

　九州地方には，北部に**筑紫山地**，中央部に**九州山地**が連なります。また，主な山としては，**雲仙岳・阿蘇山・霧島山・桜島**などがあります。

九州地方の主な農産物・家畜と産地・飼育地

産地	農産物	産地・飼育地	農産物・家畜
筑紫平野	米	八代平野	い草
宮崎平野	ピーマン，きゅうり	シラス台地	さつまいも，茶 肉用牛，ぶた

九州地方には，明治時代に製鉄所が造られてから鉄鋼業がさかんとなった北九州工業地帯があります。近年は，ほかの工業地帯・地域と比べて生産額は小さくなっています。

九州地方の工業

IC工場の分布

　九州地方には空港や高速道路などの交通手段が整っているため，IC（集積回路）などの半導体製品の生産がさかんです。半導体製品は，高価・軽量なので，飛行機での輸送に向いています。

> **ポイント** 九州地方の自然・産業についておさえよう！
> - 地形…筑紫山地，九州山地，シラス台地
> - 農業…きゅうり・ピーマン（宮崎平野），さつまいも・畜産（シラス台地）
> - 工業…北九州工業地帯，IC工場

> **入試ではここが問われる！**
> - 九州地方の地図が示され，農産物や工業の種類，交通について問われます。
> - 鹿児島県などの形が示され，県名や農産物について問われます。

第3章　日本の諸地域，都道府県

27 南西諸島

　鹿児島県の南方の島々と，沖縄県とを合わせて，南西諸島と呼びます。島々の名前と，主な産業についておさえましょう。また，沖縄島をはじめとする沖縄県に，アメリカ軍基地が集中している現状を認識しておきましょう。

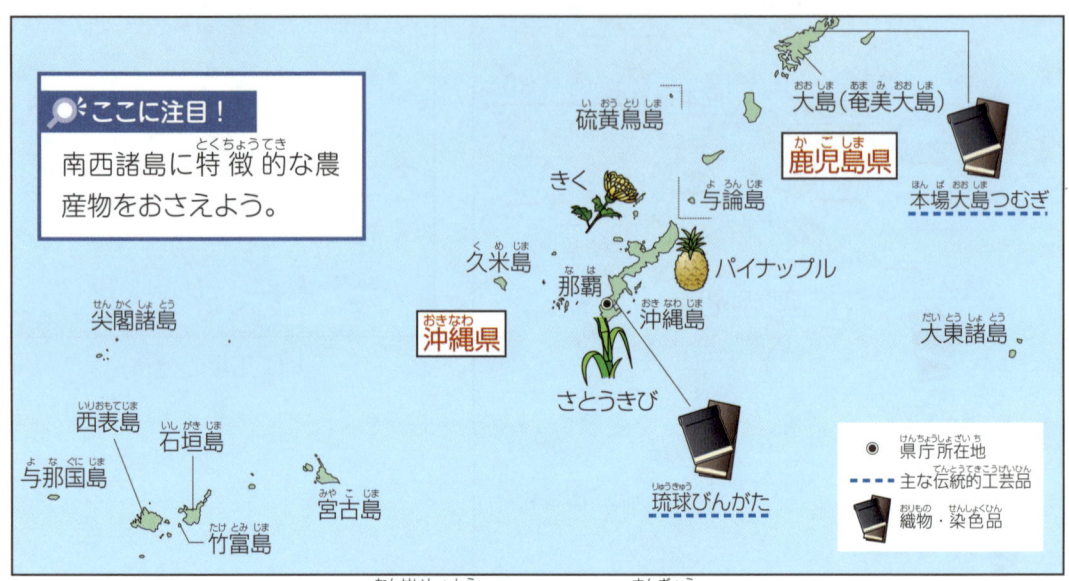

ここに注目！
南西諸島に特徴的な農産物をおさえよう。

南西諸島の主な島々と産業

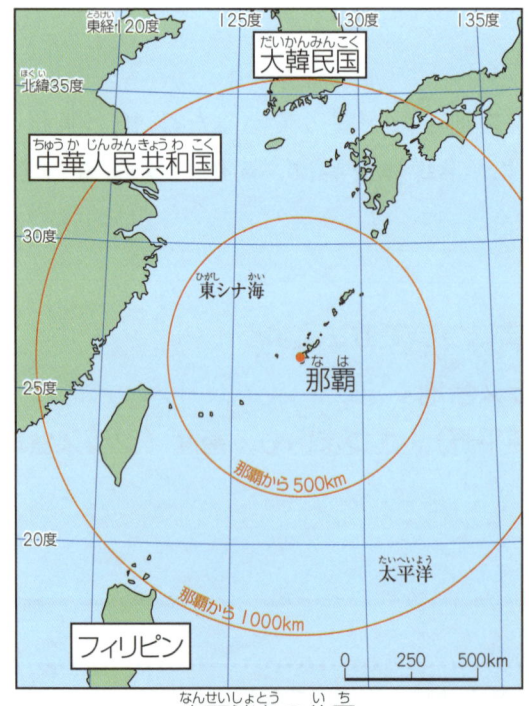

南西諸島の位置

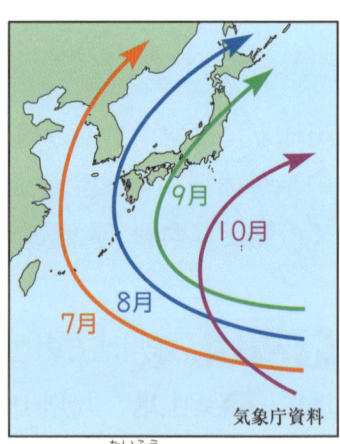

台風の進路

南西諸島は，地理的に見て，中華人民共和国（中国）や東南アジアの国々と近い位置にあります。

　気候を見ると，日本本土と比べて，年間を通して温暖で雨の多い気候となっています。夏から秋にかけては，台風が多く通ります。

　沖縄県では，暖かい気候を生かして，さとうきび・パイナップルなどの生産がさかんです。また，本土と時期をずらしてきくなどの花を出荷しています。

　第二次世界大戦の末期，沖縄県では日本軍とアメリカ合衆国（アメリカ）軍との間で地上戦が行われ，多くの人がぎせいになりました。戦後，沖縄県は1972年までアメリカによって統治され，その後も広大なアメリカ軍基地が置かれています。普天間基地（普天間飛行場）は，市街地近くにあり危険であることから移転が検討されています。

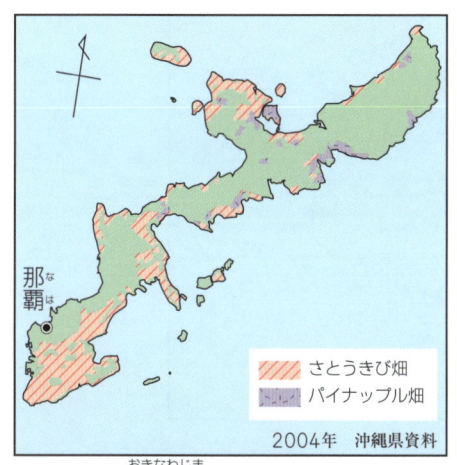

沖縄島の農業用地

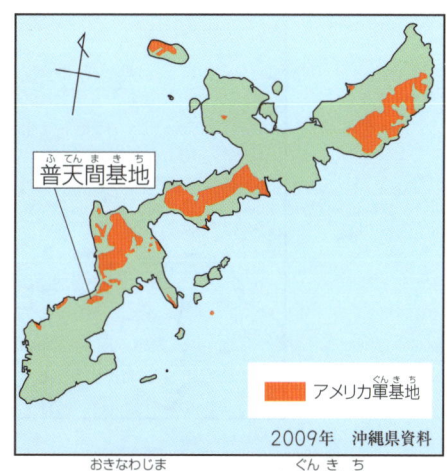

沖縄島のアメリカ軍基地

　また，19世紀後半まで，琉球王国という日本とは別の国があったこともあり，南西諸島には独特の文化が見られます。文化や美しい景色，海・さんごしょうなどの自然を求めて，多くの観光客が南西諸島をおとずれます。同地域の産業の中で，観光業のしめる割合が大きくなっています。

> **ポイント**　南西諸島の自然・産業・基地問題についておさえよう！
> - 自然…温暖で多雨，台風が多い
> - 産業…さとうきび・パイナップル生産などの農業，観光業
> - アメリカ軍基地…沖縄県に集中，普天間基地移転の問題

> **入試ではここが問われる！**
> - 沖縄県の地図が示され，アメリカ軍基地やパイナップル畑の分布を選ばせる問題が出されます。また，普天間基地の場所が問われます。

第3章　日本の諸地域，都道府県

確認問題

次の2つの地図を見て，下の問いに答えなさい。

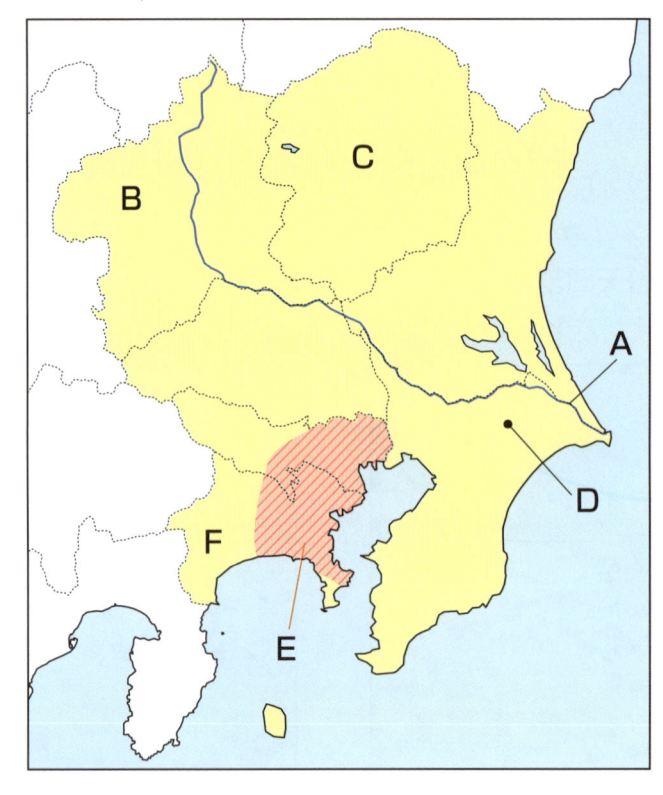

(1) 地図中のAの川の名前を書きなさい。

(2) 地図中のBの県では，すずしい気候を生かし，レタスなどの野菜をほかの地域よりもおそい時期に出荷しています。このような方法の農業を何といいますか。

(3) 地図中のB・Cの県では，乳用牛の飼育がさかんです。乳用牛の飼育頭数が日本で最も多く，酪農がさかんな都道府県の名前を書きなさい。

(4) 地図中のDは，日本の代表的な空港の1つを示しています。この空港の名前を書きなさい。

(5) 地図中にEで示した工業地帯の名前を書きなさい。

(6) 地図中のFの県では，県と県庁所在地の都市の名前がちがいます。同じように，県と県庁所在地の都市の名前がちがう県を，次のア～エの中から1つ選び，記号を書きなさい。

ア　青森県　　イ　広島県　　ウ　福岡県　　エ　沖縄県

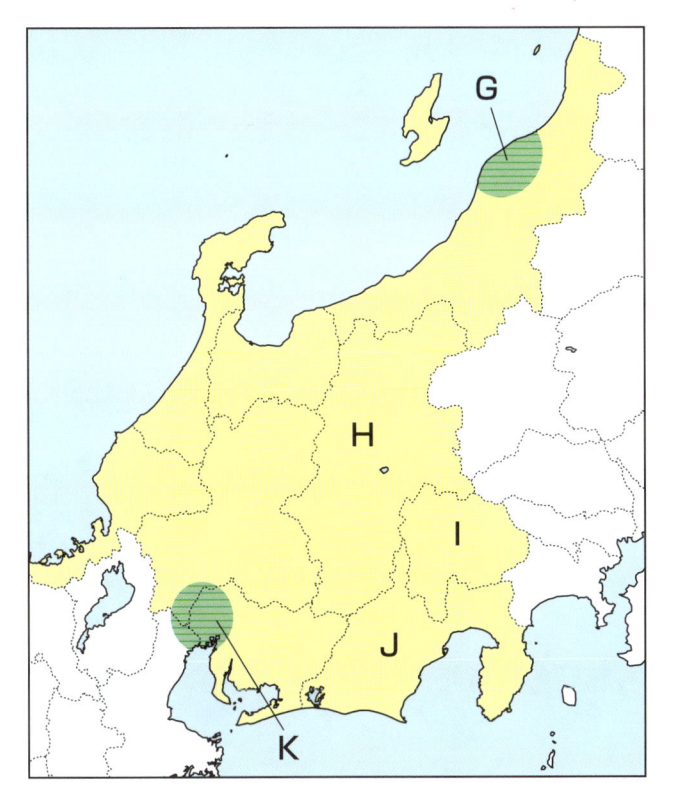

(7) 地図中にGで示した平野の名前を書きなさい。

(8) 地図中のH・Iの県で生産がさかんな農作物として正しいものを，次のア〜エの中から1つ選び，記号を書きなさい。

　　ア　さつまいも　　イ　さとうきび　　ウ　パイナップル　　エ　ぶどう

(9) 地図中のJの県では，みかんの生産がさかんです。同じように，みかんの生産量が非常に多い県で，近畿地方にある県の名前を書きなさい。

(10) 地図中にKで示した平野で見られる，堤防に囲まれた低地帯を何といいますか。

解答らん

(1)		(2)	
(3)		(4)	
(5)		(6)	
(7)		(8)	
(9)		(10)	

➡「答え」は114ページ

入試地図お役立ち知識

❸ 日本を数字で知ろう

　日本のどこからどこまでのきょりは約○○kmなどと，大まかに数字でとらえておくと便利な場合があります。ここでは，目安となる数字をしょうかいします。

●きょり

| 400km | 東京から大阪市までの直線きょり |

| 1000km | 東京から北海道北部までの直線きょり
東京から鹿児島県南部までの直線きょり |

東京からのきょり

| 約2000km | 北海道と九州の端から端までの直線きょり（知床半島から薩摩半島まで） |

| 約3000km | 日本列島の最も長い部分の直線きょり（北端の択捉島から西端の与那国島まで） |

端から端まで

●緯度・経度

北緯40度，東経140度	秋田県大潟村
北緯35度	京都府京都市
東経135度	兵庫県明石市
北緯30度，東経130度	鹿児島県屋久島付近

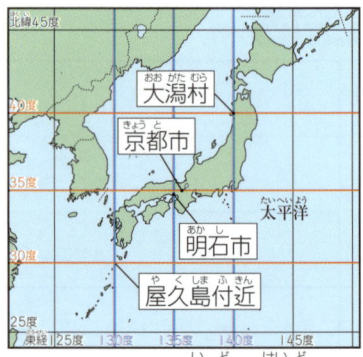

目安となる緯度・経度

目安となる数字を覚え，大まかなきょりや位置をおさえておきましょう！

72

第4章
地形図の読み取り

	ページ
㉘ 縮尺と方位 ……………………………………………………	74
㉙ 等高線 ★ ………………………………………………………	76
㉚ 地形と土地利用の読み取り ★ ………………………………	78
㉛ 市街地の読み取り ……………………………………………	80
㉜ 地図の比較 ……………………………………………………	82
確認問題 …………………………………………………………	84
入試地図お役立ち知識　❹ 地名の面白知識 …………………	86

★がついているところは，とくに重要です。よく学習しておきましょう。

第4章 地形図の読み取り

28 縮尺と方位

　地図は，ある地域の様子を小さくわかりやすく表した図のことであり，地形図は，土地の高低や土地利用などを正確に表した地図のことです。

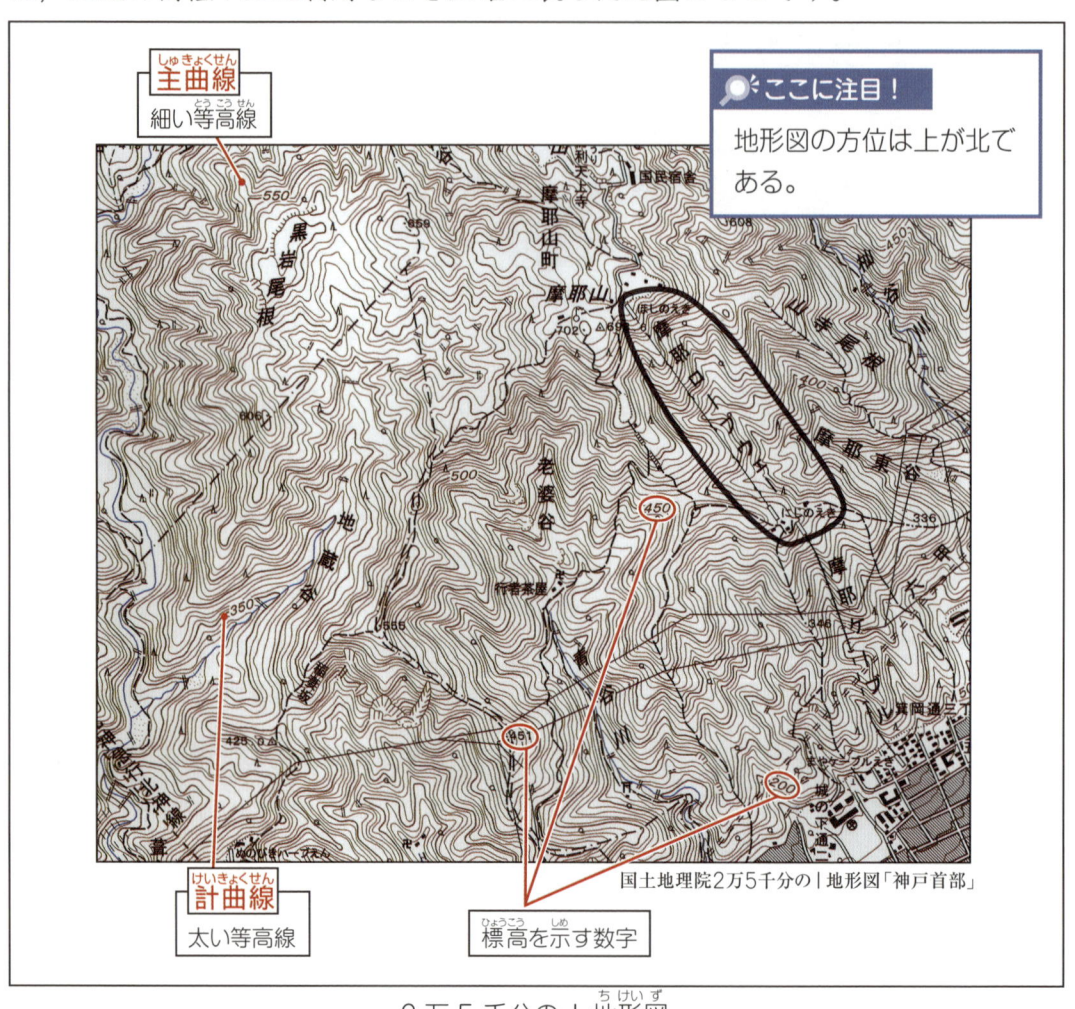

主曲線
細い等高線

計曲線
太い等高線

標高を示す数字

🔍 **ここに注目！**
地形図の方位は上が北である。

国土地理院2万5千分の1地形図「神戸首部」

2万5千分の1地形図

　地図は，実際の長さを縮めてえがかれています。この縮めた比率のことを，**縮尺**といいます。地形図には，**2万5千分の1地形図**や**5万分の1地形図**などがあり，それぞれ縮尺は2万5千分の1，5万分の1となります。
　縮尺が示されていない地形図では，等高線から縮尺を判断することができます。等高線とは，同じ高さ（標高）の地点を結んだ線のことです。細い**主曲線**は，2万5千分の1地形図では10mごと，5万分の1地形図では20mごとにえがかれます。太い**計曲線**は，2万5千分の1地形図では50mごと，5万分の1地形図では100mごとにえがかれます。

縮尺がわかれば,「地図上の長さ×縮尺の分母＝実際のきょり」で,実際のきょりを求めることができます。左ページの2万5千分の1地形図の中で,黒丸で囲んだ「摩耶ロープウェー」の2駅間の実際のきょりは,地図上で約3.5cmですから, 3.5cm × 25000 = 87500cm = 875mとなります。

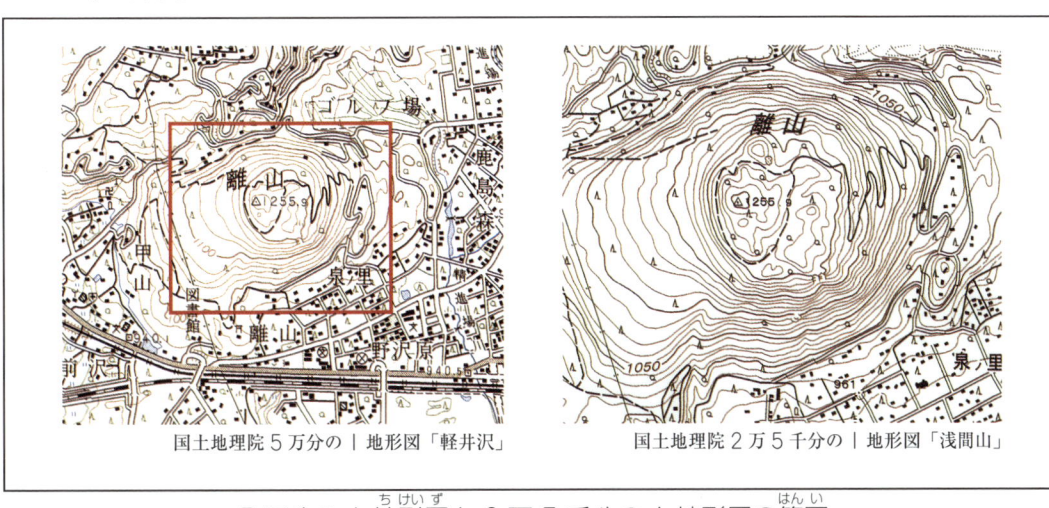

5万分の1地形図と2万5千分の1地形図の範囲

　縮尺の分母が小さいほど,「縮尺が大きい」といいます。上の2つの地形図を比べてみましょう。2万5千分の1地形図と5万分の1地形図では,2万5千分の1の方が,縮尺の分母が小さいため縮尺が大きい地図となります。縮尺が大きい地図ほど,表す範囲がせまくなり,一方,縮尺が小さい地図ほど,表す範囲が広くなります。

　また,地形図の方位は,上が北です。地図はふつう上が北ですが,そうでない場合は,方位記号が示されます。方位は,四方位や八方位,十六方位などで表されます。

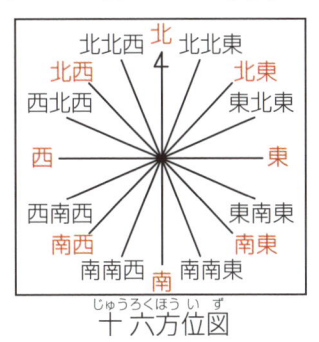

十六方位図

ポイント　地形図の読み取りでは,まず縮尺を考えよう！

- 地形図の縮尺…2万5千分の1, 5万分の1など
- 等高線…主曲線と計曲線があり,その間隔から縮尺がわかる

入試ではここが問われる！

- 地形図の縮尺および,実際のきょりや面積を問う問題が出されます。
- 地図での位置や方向などを方位で答える問題が出されます。

第4章

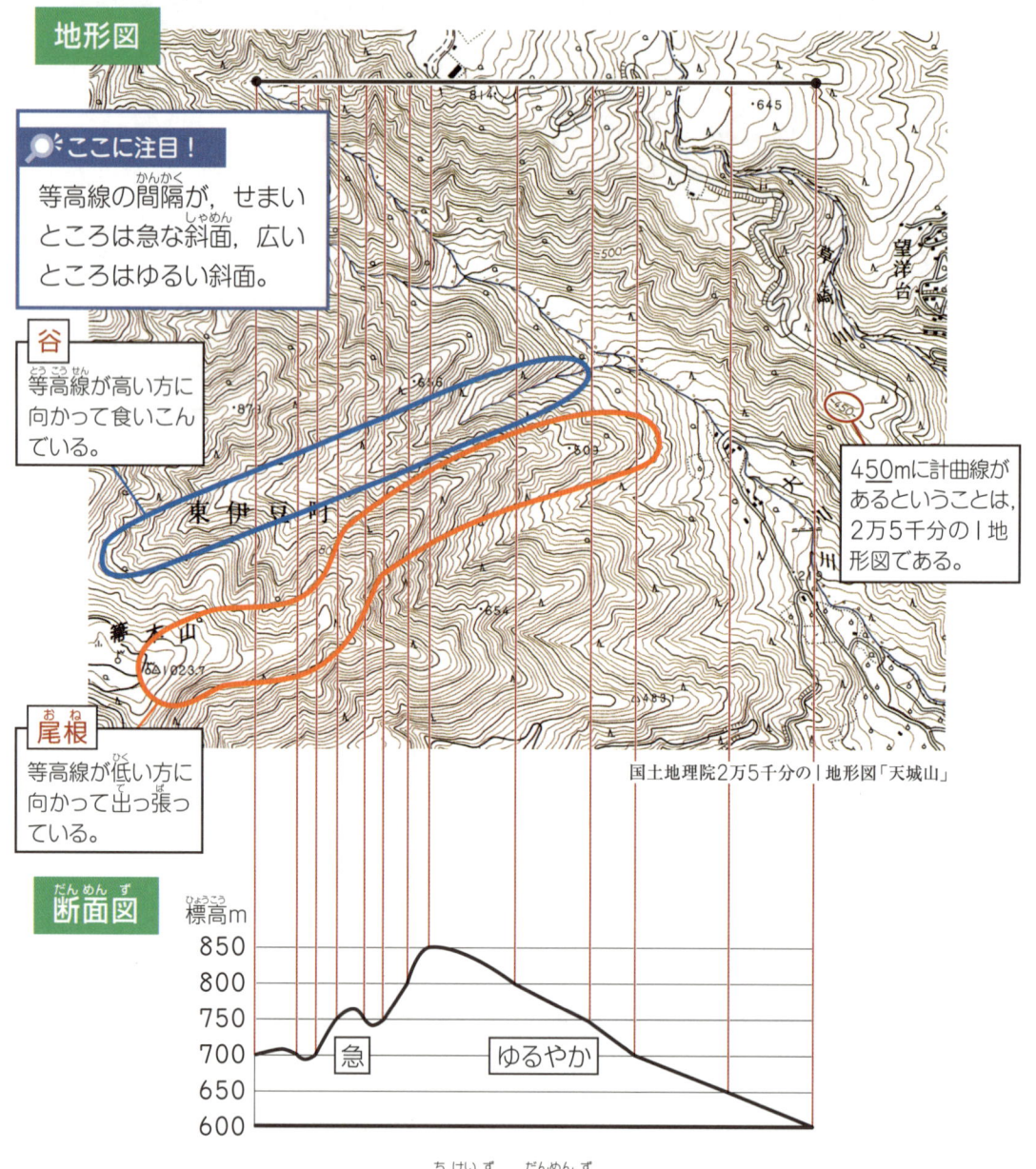

第4章 地形図の読み取り

29 等高線 ★

地形図では，主に等高線によって，土地の高低や起伏，けいしゃを読み取ることができます。

地形図

ここに注目！
等高線の間隔が，せまいところは急な斜面，広いところはゆるい斜面。

谷
等高線が高い方に向かって食いこんでいる。

尾根
等高線が低い方に向かって出っ張っている。

450mに計曲線があるということは，2万5千分の1地形図である。

国土地理院2万5千分の1地形図「天城山」

断面図

標高m
850
800
750
700　急　ゆるやか
650
600

地形図と断面図

上の地形図の縮尺は，地図の東の端の，「草崎川」と「大川川」の間に書かれている「450」mの計曲線から，2万5千分の1であることがわかります。

76

等高線の種類

	2万5千分の1地形図	5万分の1地形図
主曲線 ──（細い線）	10mごとに引かれる。	20mごとに引かれる。
計曲線 ──（太い線）	50mごとに引かれる。	100mごとに引かれる。

　左ページの地形図の「大川川」は，地図の北西の標高700mあたりを水源として，標高の低い南東に向かって流れています。川は，高い地域から低い地域に流れていきますので，一般に，川の上流ほど標高が高く，下流ほど標高が低くなります。川の流れる向きを判断するには，付近の標高を参考にするとよいでしょう。

　左ページの地形図には，等高線がびっしりとジグザグに引かれています。「大川川」付近の等高線は，川の上流に向かって食いこんでいます。また，線で囲んだ「大川川」の支流から「東伊豆町」の文字付近にかけての等高線も，標高の高い方に向かって食いこんでいます。この部分は，谷となっています。一方，「箒木山」の山頂から線で囲んだ地域の等高線は，標高の高い方から低い方に向かって出っ張っています。この部分は，山の高い部分が連なった尾根の部分です。

　左ページの地形図と，●〜●間の直線部分の断面図を見比べてみましょう。直線の左側は等高線の間隔がせまい地域であり，直線の右側は等高線の間隔が比較的広い地域です。これを断面図で見ると，土地のけいしゃがよくわかります。つまり，直線の左側の等高線の間隔がせまい地域は，けいしゃが急で起伏が激しいですが，直線の右側の等高線の間隔が広い地域は，けいしゃが比較的ゆるやかです。

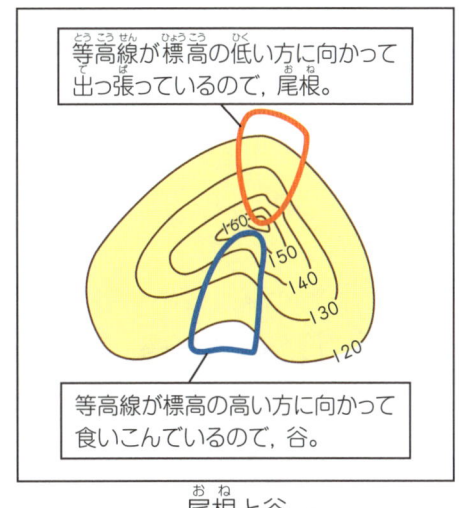

［図］等高線が標高の低い方に向かって出っ張っているので，尾根。
等高線が標高の高い方に向かって食いこんでいるので，谷。
尾根と谷

ポイント　等高線の引かれ方から地形を読み取ろう！
- 特徴のある地形…谷，尾根
- 断面図…等高線をもとに断面図をえがく

入試ではここが問われる！
- 出題の地形図に対する正しい地形の断面図を選ぶ問題が出されます。
- 地形図から標高を読み取り，川の流れる方向を答える問題が出されます。

第4章　地形図の読み取り

30 地形と土地利用の読み取り ★

地形図では，土地利用の情報などが，地図記号を使って表されます。土地の使われ方や植物の種類なども，地図記号によってある程度までわかります。

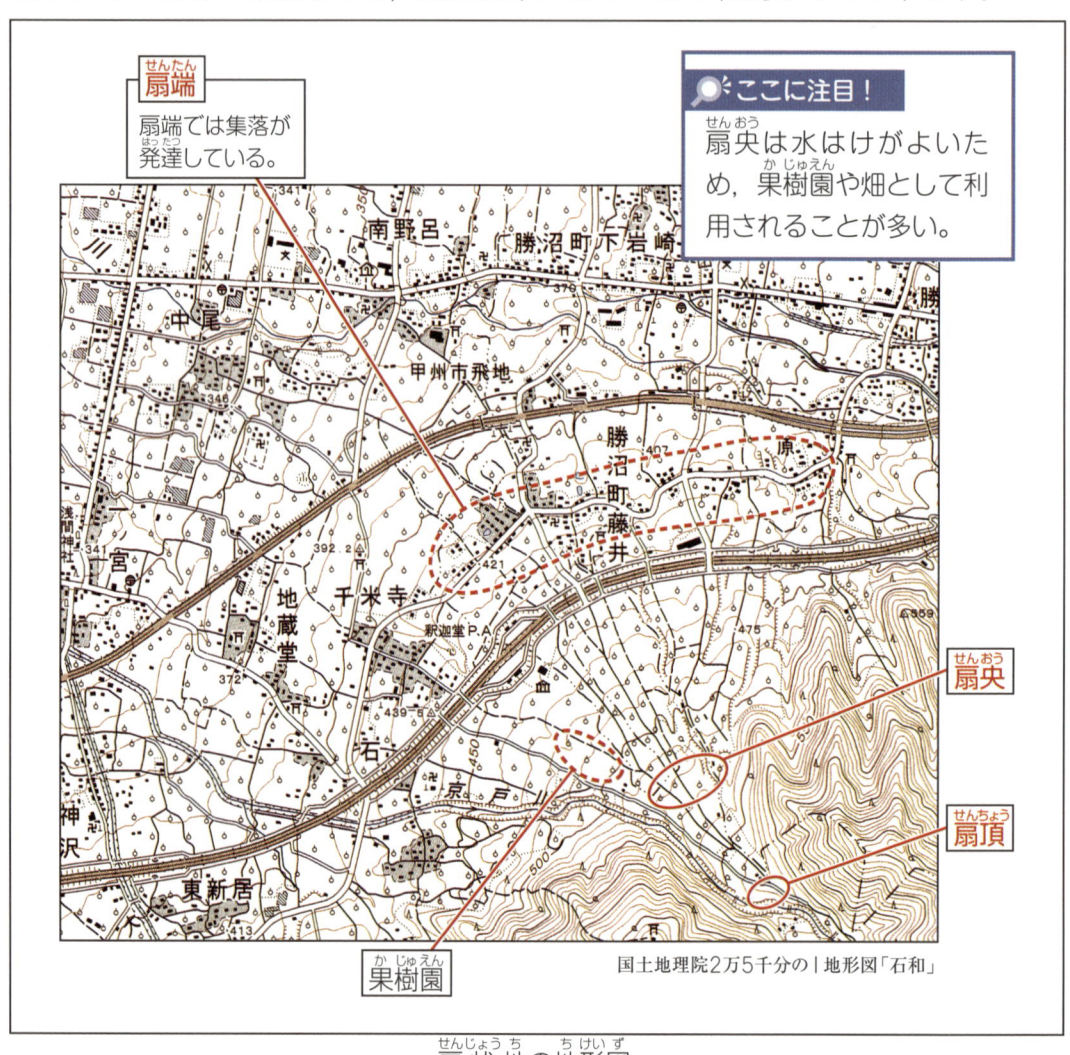

扇端
扇端では集落が発達している。

🔍 ここに注目！
扇央は水はけがよいため，果樹園や畑として利用されることが多い。

扇央

扇頂

果樹園　　　国土地理院2万5千分の1地形図「石和」

扇状地の地形図

　上の地形図は，山梨県にある**扇状地**を示しています。土地の利用を示す地図記号は，地図の南東部に位置する標高の高い地域では，∧（針葉樹林）やQ（広葉樹林）があり，扇央から広がるなだらかなけいしゃの土地では，ö（果樹園）が多く見られます。扇状地の特に扇央は，水持ちが悪い＝水はけがよいという点から，果樹園が多くなっています。上の地形図の扇央では，気候の利点も生かし，ぶどうやももの栽培がさかんです。

扇状地のまとめ

	特徴
成り立ち	川が山地から平地に出るところに土砂が積もってできた。
地形の特徴	谷の入口を中心として平地に向かって扇のように広がった、なだらかなけいしゃの土地。扇の持ち手に当たる部分を扇頂，中央を扇央，扇の広がった部分を扇端と呼ぶ。
集落の立地	水が確保しやすい扇端か，扇頂に多い。
土地利用	扇央は，つぶのあらい土砂が多いため，水はけがよく，昔は畑や桑畑，近年は果樹園に利用されることが多い。田は，水が確保しやすい扇端に多く作られた。

地図記号には，土地の使われ方や植物の種類を表すものがあります。これらの記号によって，水はけがよいか，高地であるか，温暖であるかなど，その地域の地形や気候の様子もわかることがあります。また，果樹園などは，地図記号からは果樹の種類まではわかりませんが，地形図に示された地域の生産量の多い品目がわかれば，果樹の種類のおおよその見当をつけることもできます。

土地利用を表す地図記号

記号	意味	解説	記号	意味	解説
〟〟	田	水田	○○○	広葉樹林	サクラやカシなどの林
∨∨	畑	畑や牧草地	∧∧	針葉樹林	マツやスギなどの林
○○○	果樹園	木になる果物を育てている土地	‖‖	荒地	あれている土地 耕作に適さない土地
⋎⋎	桑畑※	桑を育てている土地	∴	茶畑	茶を育てている土地

※2013年から2万5千分の1地形図では使用されなくなった。

ポイント 土地利用の地図記号から，土地の特徴を推測しよう！
- 主な地図記号…田・畑・果樹園・広葉樹林・針葉樹林など
- 扇状地の特徴…扇頂・扇央・扇端から成る。果樹園が多い。

入試ではここが問われる！
- 地形図の地図記号を読み取り，土地利用を答える問題が出されます。
- 地図記号から，その地域の特徴を推測する問題が出されます。

第4章 地形図の読み取り

31 市街地の読み取り

　地図記号には，建物を表す記号と建物の使われ方を表す記号もあります。市街地の地形図では，こうした地図記号を数多く見ることができます。

> 🔍 **ここに注目！**
> 海に近い地域のため，等高線はあまり見られず，ほぼ平らである。

> ほぼ平らな河口付近の土地に大きな川が何本も流れているところに，三角州ができる。

> 県庁や市役所の周辺は，さまざまな施設が集まり，その地域の中心であることがわかる。

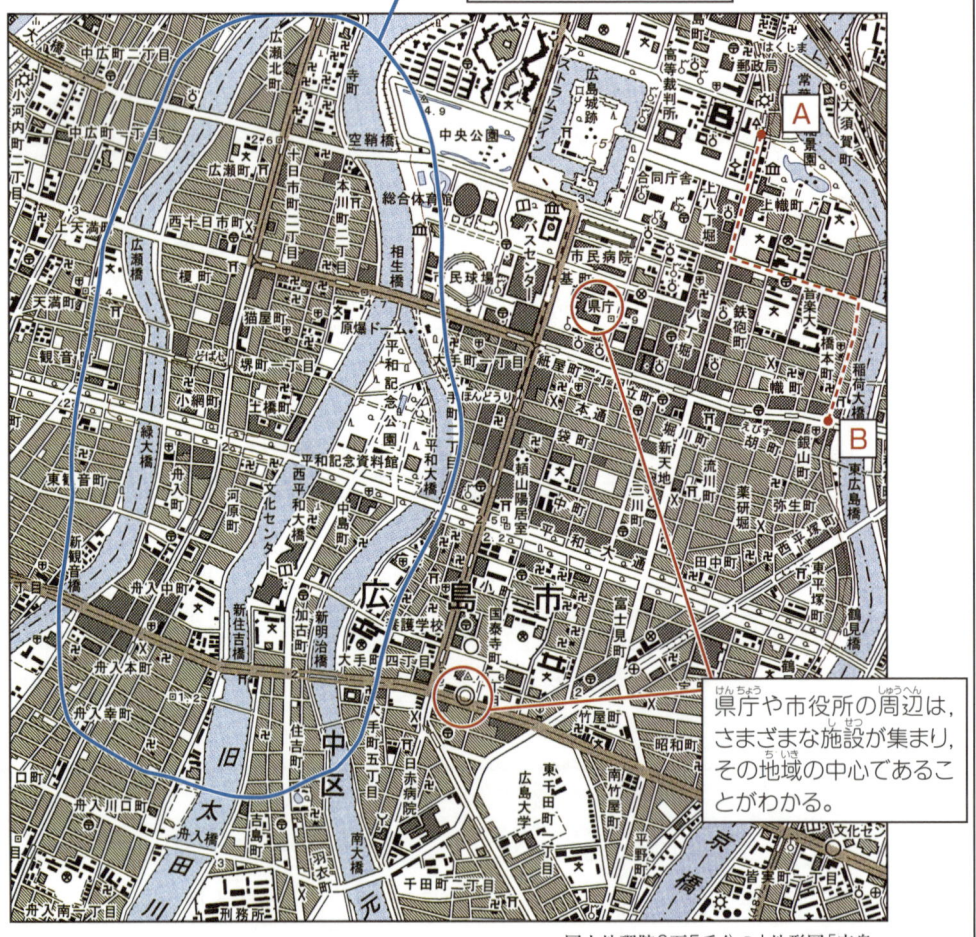

国土地理院2万5千分の1地形図「広島」

三角州にある市街地の地形図

　上の地形図は，**三角州**にある広島市の様子を示しています。

三角州のまとめ

	特徴
成り立ち	川が海や湖に流れこむ河口付近に土砂が積もってできた。
地形の特徴	三角形のような形。川の下流で流路が複数に分かれる。
集落の立地	水が確保しやすく，平らな土地であるため，集落ができやすい。大きな市街地に発達することも多い。

広島の市街地の様子を，左ページの地形図から読み取ってみましょう。さまざまな建物などを表す地図記号がえがかれています。

建物などを表す地図記号

記号	意味	記号	意味	記号	意味
◎	市役所 東京都の区役所	◇	税務署	⌂	記念碑
ö	官公署	文	小・中学校	卍	寺院
⚖	裁判所	⊗	高等学校	⛩	神社
Y	消防署	〒	郵便局	⌑	図書館
⊗	警察署	⊕	病院	血	博物館・美術館
X	交番	ニ	橋	口	高塔

左ページの地形図のA地点からB地点までを歩いた場合の，説明例を挙げます。

裁判所が西にある路面電車の駅から，南南西の方向に歩く。少し進むと，右手側には税務署，左手側には美術館がある。道の西側は多くの官公署がある。小・中学校がある角を左に曲がった。小・中学校の横には高等学校があり，高等学校の道をはさんで南には，郵便局がある。そこから250mほど歩いて，細い道を右へ曲がった。建物が密集した道の右手側には病院があり，少し歩くと寺院があった。寺院の先には神社もあり，道を進むと，路面電車が走る大きな通りに出た。

ポイント 建物の地図記号を覚えて，地形図を読み取ろう！

- 主な地図記号…市役所・学校・郵便局・病院・図書館など
- 三角州の特徴…平らで大きな川が複数流れている所。市街地が多い。

入試ではここが問われる！

- 建物を表す地図記号をえがく問題が出されます。
- 道順の説明通りに地形図が読み取れるかを問う問題が出されます。

第4章　地形図の読み取り

32 地図の比較

　土地は開発されて変化していきますが，地図も，測量や調査をし直して，内容を新しくしています。同じ地域の発行年がちがう地図を見比べると，地形や土地利用の変化がわかります。

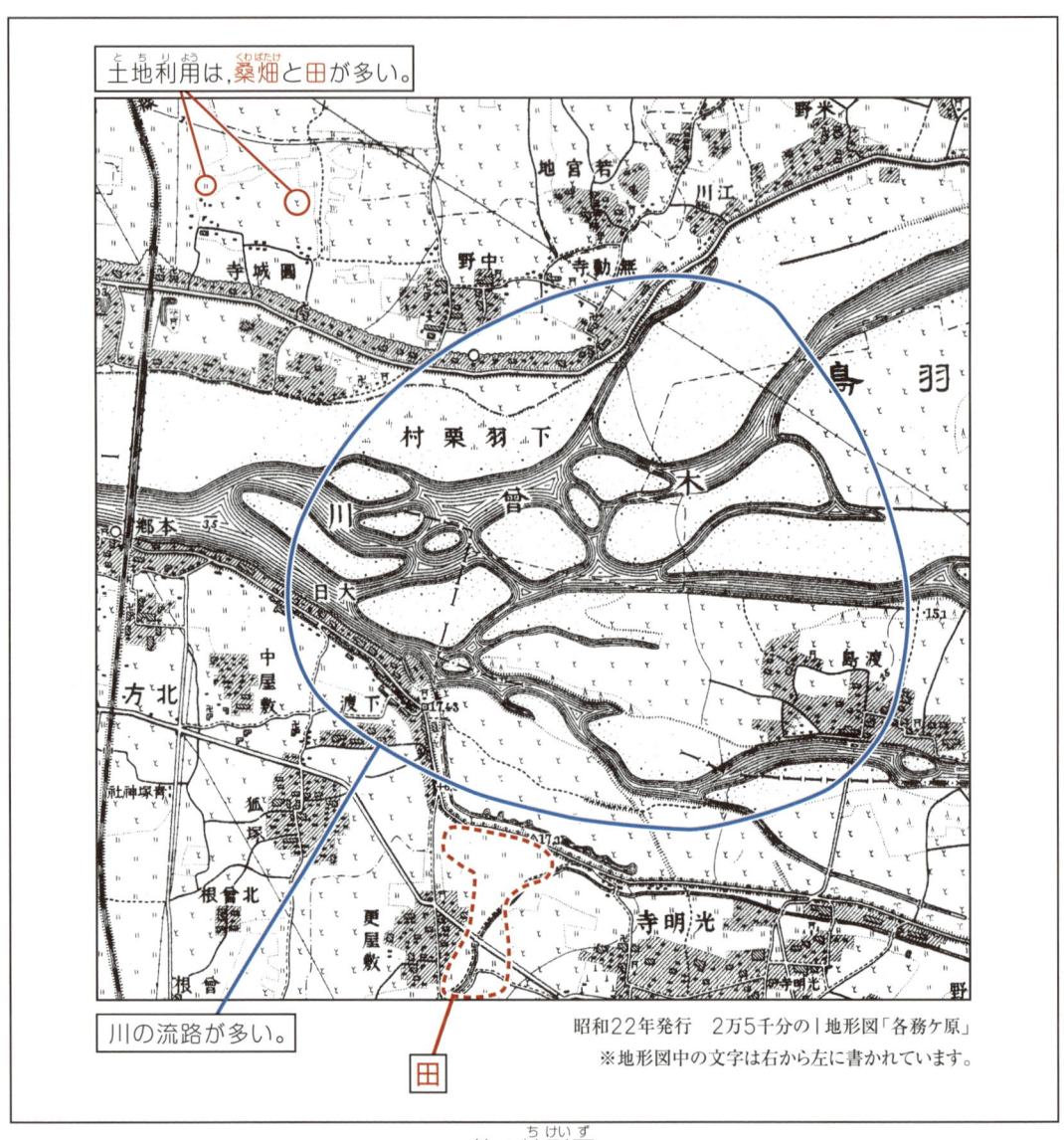

土地利用は，桑畑と田が多い。

川の流路が多い。

田

昭和22年発行　2万5千分の1地形図「各務ケ原」
※地形図中の文字は右から左に書かれています。

昔の地形図

　上の昔の地形図と，右ページの新しい地形図は，同じ地域を同じ縮尺で表したものです。これらを見比べ，地図記号の変化や移動などから，地形や土地利用，建物・施設の立地の変化を読み取り，開発の様子を理解しましょう。

区画整理がなされ、桑畑がほとんどなくなった。

ここに注目！
地形が変化している地域では、**神社・寺院**などの、比較的昔からあり、場所も変わりにくい建物や施設を目印にすると、位置を確認しやすい。

護岸工事が行われ、川の流路が整備されている。

平成21年発行 2万5千分の1地形図「岐阜」

田

新しい地形図

ポイント 新旧地形図の比較では、地形の変化や地図記号の移動に注目！

入試ではここが問われる！

- 新旧地形図から、開発の様子を読み取る問題が出されます。
- 新旧地形図で、移動した建物・施設を問う問題が出されます。

確認問題

次の地形図を見て，下の問いに答えなさい。

国土地理院地形図「石和」

(1) 上の地形図の縮尺を書きなさい。　→ 28 29 30

(2) 上の地形図中の「中尾」地域にある郵便局と「一ノ宮」地域にある郵便局の間は，地図上の長さで4cmはなれています。2つの郵便局の実際のきょりを答えなさい。　→ 28 29

(3) 上の地形図の南側を流れる「京戸川」は，標高400mから500m付近において東からどの方位に向けて水が流れていますか。次のア～ウの中から1つ選び，記号を書きなさい。　→ 28 29

　ア　西　　イ　南　　ウ　北

(4) 上の地形図では，南東の等高線が密集している山から平地に向かって，扇のようになだらかなけいしゃが広がっています。このように示される地形を何といいますか。漢字で答えなさい。　→ 30

(5) 次の文章は，(4)の地形周辺の土地利用について説明したものです。（ ア ）・（ イ ）にあてはまる言葉を，左ページの地形図を読み取って書きなさい。

➡ 30

「左ページの地形図の土地利用は，ほぼ（ ア ）である。(4)の地形の両側の山では針葉樹林や（ イ ）が広がっている。」

(6) 左ページの地形図中には，比較的新しく作られた地図記号である，図書館や博物館・美術館が見られます。それぞれどんな地図記号か，かきなさい。

➡ 31

解答らん

(1)		(2)	
(3)		(4)	
(5)	ア	イ	
(6)	図書館…		
	博物館・美術館…		

➡「答え」は114ページ

85

入試地図お役立ち知識
4 地名の面白知識

入試では，地名の由来に結びつけた問題が出されることがあります。

日本の地名と歴史的由来

- **八日市（滋賀県）**：古代より「八」のつく日に市が開かれ，栄えた。
- **五日市（東京都）**：中世より「五」のつく日に市が開かれ，栄えた。
- **四日市（三重県）**：中世より「四」のつく日に市が開かれ，栄えた。
- **国分寺（東京都）**：奈良時代に国分寺が建てられた。

↑地名に，歴史的由来のわかるものが残っています。

北海道の地名とアイヌ語

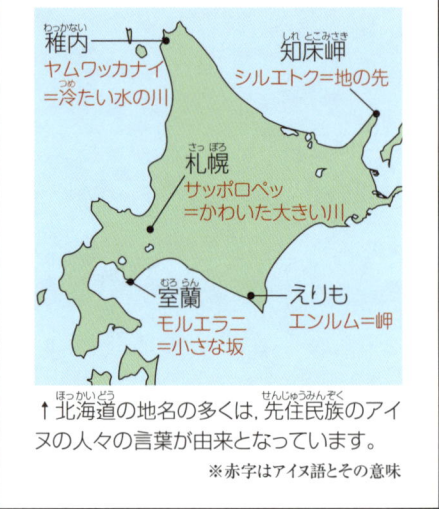

- 稚内：ヤムワッカナイ＝冷たい水の川
- 知床岬：シレトク＝地の先
- 札幌：サッポロペッ＝かわいた大きい川
- 室蘭：モルエラニ＝小さな坂
- えりも：エンルム＝岬

↑北海道の地名の多くは，先住民族のアイヌの人々の言葉が由来となっています。

※赤字はアイヌ語とその意味

都道府県名も，共通した特色を持つもの同士をいっしょに覚えましょう。

動物の名前がついている県
例：群馬県、鳥取県

同じ漢字が入っている県
例：愛知県、愛媛県

数が入っている県
例：千葉県、三重県

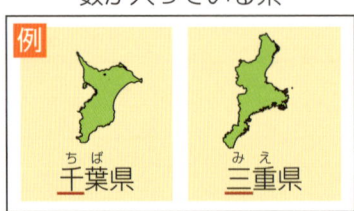

漢字3文字の県
例：神奈川県、和歌山県

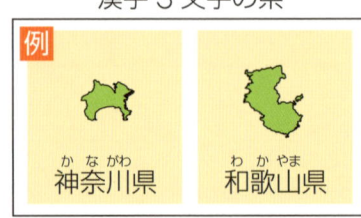

> 都道府県名は漢字で覚えましょう。難しい字も練習しておいてね！

第 5 章

世界の国々と日本

㉝ 日本と周りの国々 ★ ………………………………………… 88
㉞ 東南アジア・南アジアとオセアニア……………………… 90
㉟ アフリカと西アジア ………………………………………… 92
㊱ ヨーロッパ …………………………………………………… 94
㊲ 南北アメリカ ………………………………………………… 96
㊳ 世界の様子 …………………………………………………… 98
㊴ 世界の環境問題 ★ …………………………………………… 100
確認問題……………………………………………………………… 102
入試地図お役立ち知識　５ 地図で世界を知ろう………………… 104

★がついているところは，とくに重要です。よく学習しておきましょう。

第5章　世界の国々と日本

33 日本と周りの国々

　入試では，日本の周りの国々について，よく問われます。現在の日本との関係をおさえておきましょう。領土をめぐる問題はよく出されます。

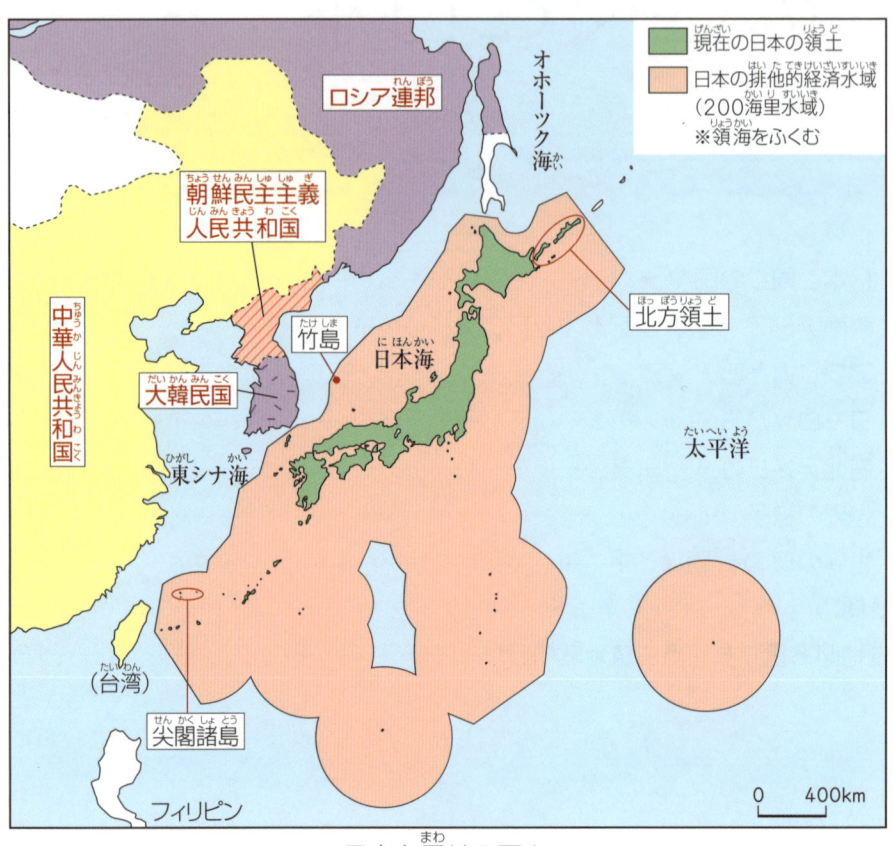

地図中の表記：
- 現在の日本の領土
- 日本の排他的経済水域（200海里水域）※領海をふくむ
- ロシア連邦
- オホーツク海
- 朝鮮民主主義人民共和国
- 竹島
- 北方領土
- 中華人民共和国
- 大韓民国
- 日本海
- 東シナ海
- 太平洋
- (台湾)
- 尖閣諸島
- フィリピン

日本と周りの国々

関連 ➡ 8ページ　日本の領土

日本の周りの国々の特徴

国名	首都	特徴
大韓民国（韓国）	ソウル	ハイテク産業がさかん。
朝鮮民主主義人民共和国（北朝鮮）	ピョンヤン	日本と正式な国交がない。日本人を拉致した事件が未解決。
中華人民共和国（中国）	ペキン	世界で最も人口が多い。経済発展がめざましく，「世界の工場」と呼ばれる。
ロシア連邦（ロシア）	モスクワ	世界で最も面積が広い。国土の大部分が，冷帯と呼ばれる寒い地域。

日本と中国・朝鮮半島は歴史的に関係が深く，現在も日本は中国や韓国と経済的に深い関係にあります。

中国は近代に入ってから，経済発展がおくれていましたが，この30年ほどで大きく発展しました。経済の中心地であるシャンハイ（上海）や，首都のペキン（北京），1997年にイギリスから中国に返還されたホンコン（香港）などの大都市があります。

日本は，海をへだててとなり合っている国々との間で，島々の領有をめぐって対立しています。日本の周囲の海域には，海底資源や漁業資源が豊富にあるため，解決には時間がかかりそうです。

日本と周りの国々との間で争いになっている領土

領土名	現状
北方領土	択捉島・国後島・歯舞群島・色丹島は日本固有の領土だが，ロシアが占領している。
竹島	日本が江戸時代以来，領有してきたが，第二次世界大戦後，韓国が警備隊を置いている。
尖閣諸島	日本が明治時代に領有を始め，現在も実効支配している，日本固有の領土だが，中国や台湾が領有を主張している。

ポイント 周りの国々の名前と，領土をめぐる問題をおさえよう！

- 日本の周りの国々…大韓民国，朝鮮民主主義人民共和国，中華人民共和国，ロシア連邦，など
- 争いになっている領土…北方領土，竹島，尖閣諸島

入試ではここが問われる！

- 日本と周りの国々の地図が示され，周りの国々の名前を書かせる問題や，位置を問う問題が出されます。
- 日本と周りの国々との間で争いになっている領土の名前や，どの国と争っているかが問われます。
- 中国の主要な都市の位置を，地図中から選ぶ問題が出されます。

第5章　世界の国々と日本

34 東南アジア・南アジアとオセアニア

　東南アジアやオセアニアは，東アジア・ロシアに比べると日本からきょりが少しはなれていますが，日本の貿易関連の統計でよく登場する国々が多くあります。

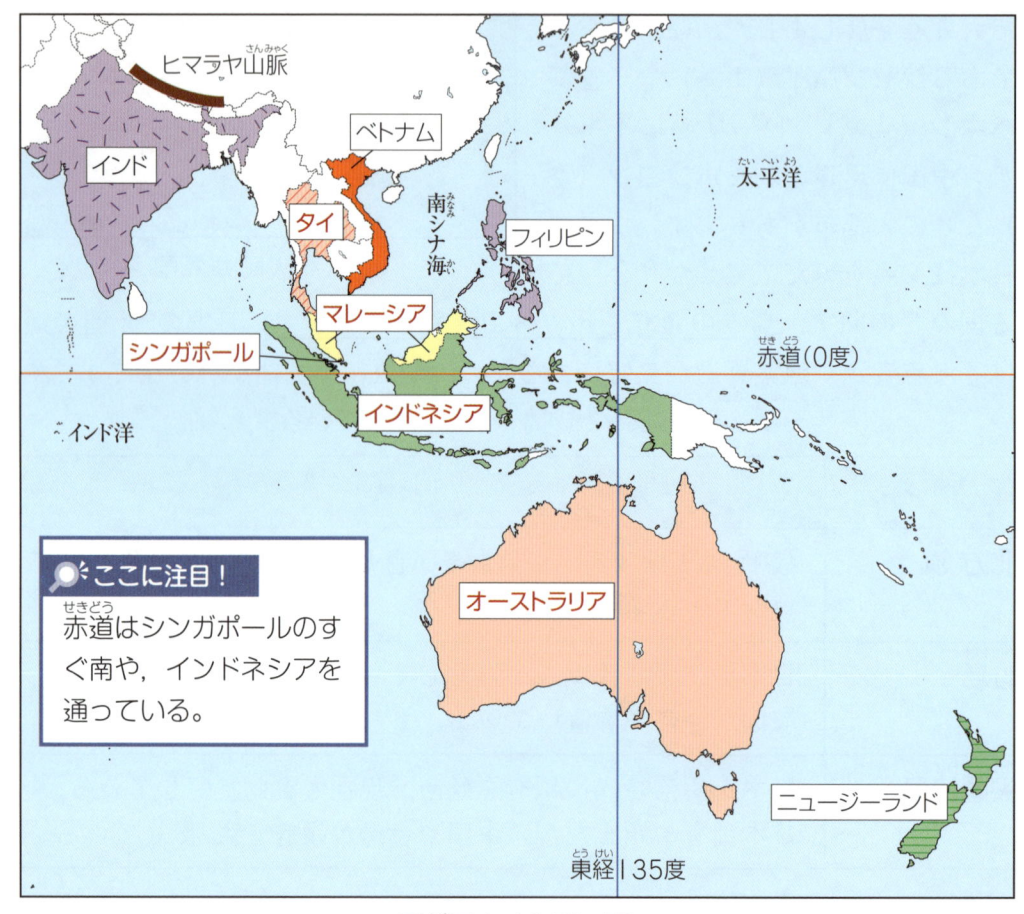

アジアとオセアニア

ここに注目！
赤道はシンガポールのすぐ南や，インドネシアを通っている。

　東南アジアは，日本や中華人民共和国（中国）より南の，赤道付近に位置している国々です。南アジアは，中国とヒマラヤ山脈で接している国が多く，インドが代表的です。
　日本は，多くの原料・燃料や食料を東南アジアからの輸入にたよっています。また，日本が初めてEPA（経済連携協定）を結んだ国はシンガポールで，その後も多くの東南アジアの国々とEPAを結んでおり，日本と東南アジアはますます経済的に深い関係になっていくことが予想されます。

また，日本のちょうど南に位置する**オーストラリア**も，日本と深い関わりがある国で，おたがいの国を多くの観光客がおとずれています。また，オーストラリアは資源が豊富な国のため，貿易のやり取りもさかんで，日本の貿易相手国として統計上の上位に登場します。

　オーストラリアや**ニュージーランド**は，赤道より南側の**南半球**に位置しているため，季節は北半球の逆です。なお，そのほかのオセアニアの国々は基本的に，太平洋に位置する小さな面積の島々で構成されています。太平洋の経度180度付近には，**日付変更線**が引かれていますが，ちょうど経度180度線付近にある国や島をさけて引かれているため，まっすぐな線ではありません。この線のすぐ西側にある地域に，地球で最初に朝がやってくることになります。

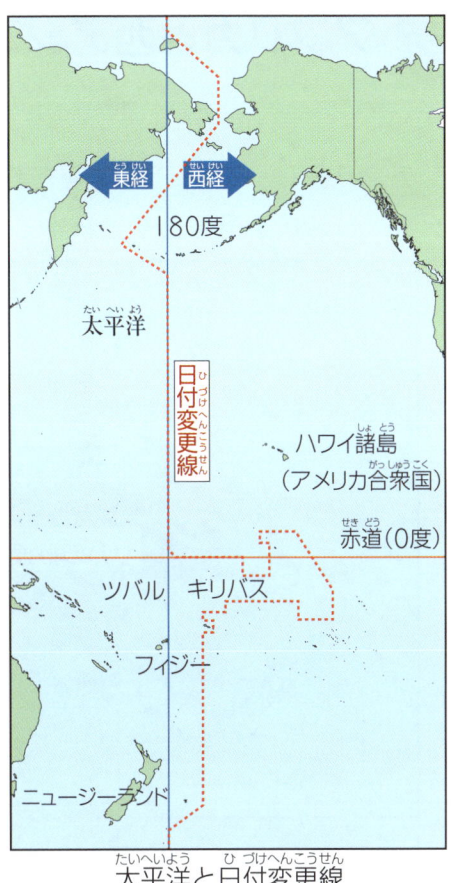

太平洋と日付変更線

日本が多く輸入している特徴的な品目

輸入相手国名	特徴的な品目
タイ	機械類，肉類，魚介類
インドネシア	液化天然ガス，石炭，機械類，原油，天然ゴム
マレーシア	液化天然ガス，機械類，石油製品
オーストラリア	石炭，液化天然ガス，鉄鉱石，肉類

> **ポイント** 日本の主要貿易相手国とその位置をおさえよう！
> - 東南アジア…**タイ，インドネシア，マレーシア，シンガポール**など
> - オセアニア…**オーストラリア，ニュージーランド**など

> 🏫 **入試ではここが問われる！**
> ・アジア・オセアニアの地図が示され主要国の位置を問う問題が出されます。
> ・日本との関係の説明や日本の貿易統計が示され，その相手国を地図中から選ぶ問題が出されます。

第5章

第5章 世界の国々と日本

35 アフリカと西アジア

アフリカは、経度・緯度両方の0度線が通る、唯一の大陸です。また、西アジアには油田が多くあり、日本とは経済的関係の深い国が多く位置する地域です。

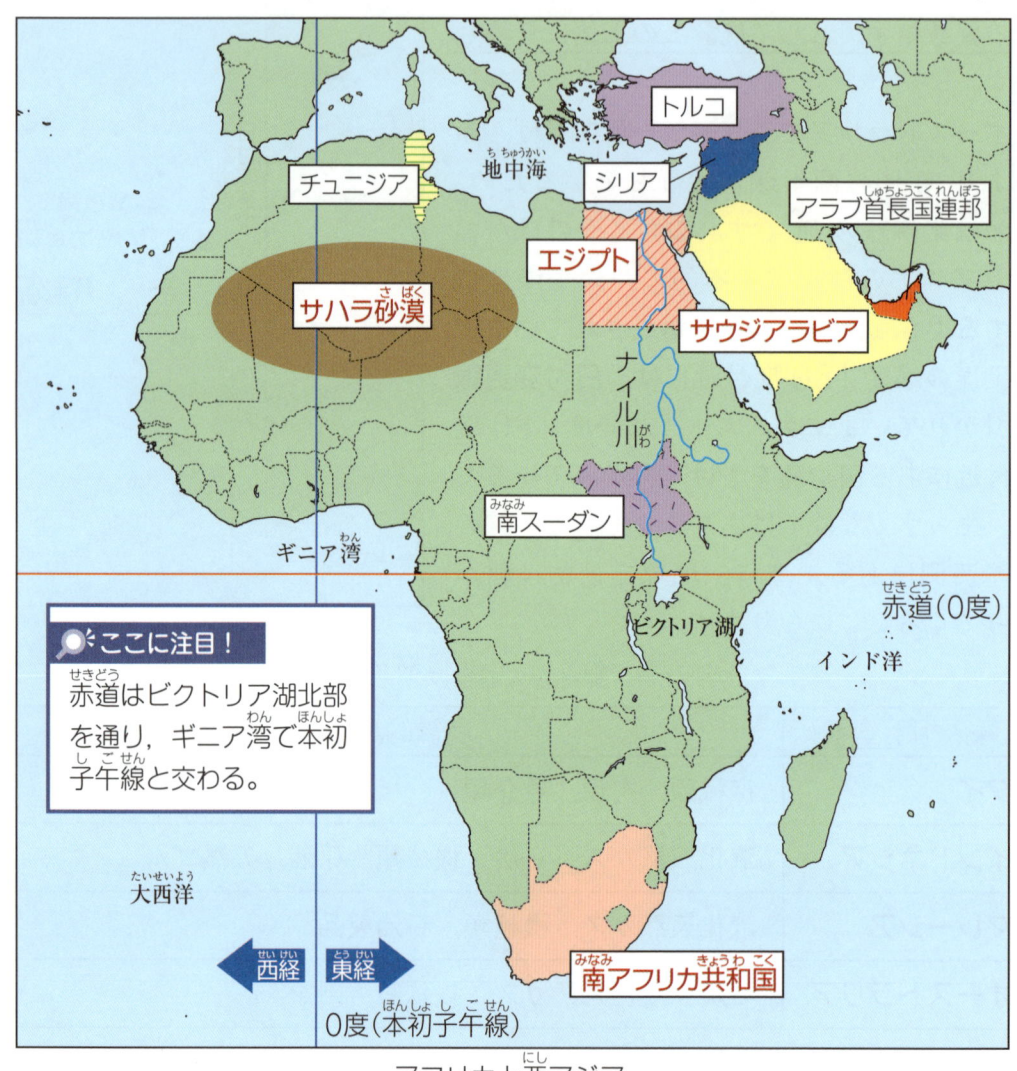

ここに注目！
赤道はビクトリア湖北部を通り、ギニア湾で本初子午線と交わる。

アフリカと西アジア

アフリカ大陸の特徴的な地名・国

地名・国名	特徴
サハラ砂漠	世界で最も広い砂漠。
エジプト	古代にエジプト文明が生まれ、遺跡のピラミッドが有名。
南アフリカ	金鉱やダイヤモンドを産出。

アフリカ大陸の北西部には広大な**サハラ砂漠**が広がっています。砂漠の周辺も乾燥地域であり，砂漠化が進行しています。また，アフリカ大陸の東部には，**ナイル川**が流れており，その河口は**エジプト**に位置しています。エジプトには，ピラミッドやスフィンクスなどの古代文明の遺跡が多く残っています。

日本と最も貿易のさかんなアフリカの国は，**南アフリカ共和国**です。日本は南アフリカから，**レアメタル**と呼ばれる希少金属の鉱石を多く輸入しています。

西アジアは，主に**ペルシア湾**をはさんだ地域で，乾燥地域が広がっています。右の図に示したように，ペルシア湾周辺には**油田**が多く分布し，この地域の国々は**原油**の輸出が国の大きな財源となっています。

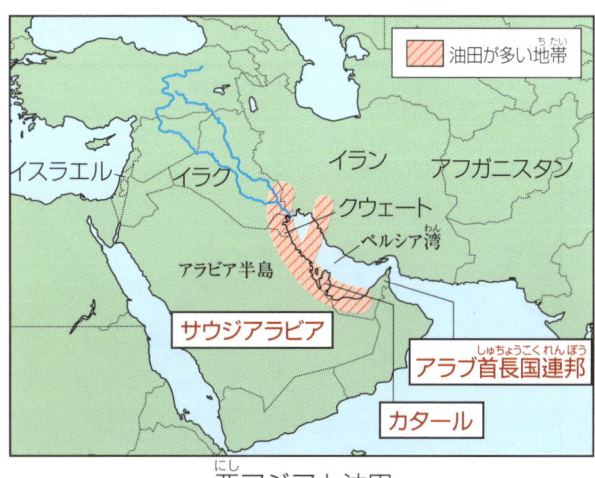

西アジアと油田

日本の原油輸入先の多くは西アジアに位置しており，特に**サウジアラビア**や**アラブ首長国連邦**などから輸入しています。液化天然ガスや液化石油ガスも，カタールやアラブ首長国連邦など西アジアから多く輸入されています。

日本がアフリカ・西アジアの国から輸入している資源

輸入相手国	主な資源名
南アフリカ共和国	白金，パラジウム，鉄鉱石，ロジウム，マンガン鉱
サウジアラビア	原油，液化石油ガス
アラブ首長国連邦	原油，液化天然ガス，液化石油ガス
カタール	原油，液化天然ガス，液化石油ガス

ポイント 日本と関係の深い国や，話題になった国をおさえよう！

- アフリカ…エジプト，南スーダン，南アフリカ共和国など
- 西アジア…サウジアラビア，アラブ首長国連邦，カタールなど

入試ではここが問われる！

- 話題になった国の位置を問う問題が出されます。
- 原油関連統計とともに，西アジアの国名や位置を問う問題が出されます。

第5章　世界の国々と日本

36 ヨーロッパ

　ヨーロッパは，経度0度（本初子午線）が通り，比較的高緯度に位置している地域です。日本と歴史的にも現在の経済的にも関係が深い国が多くあります。

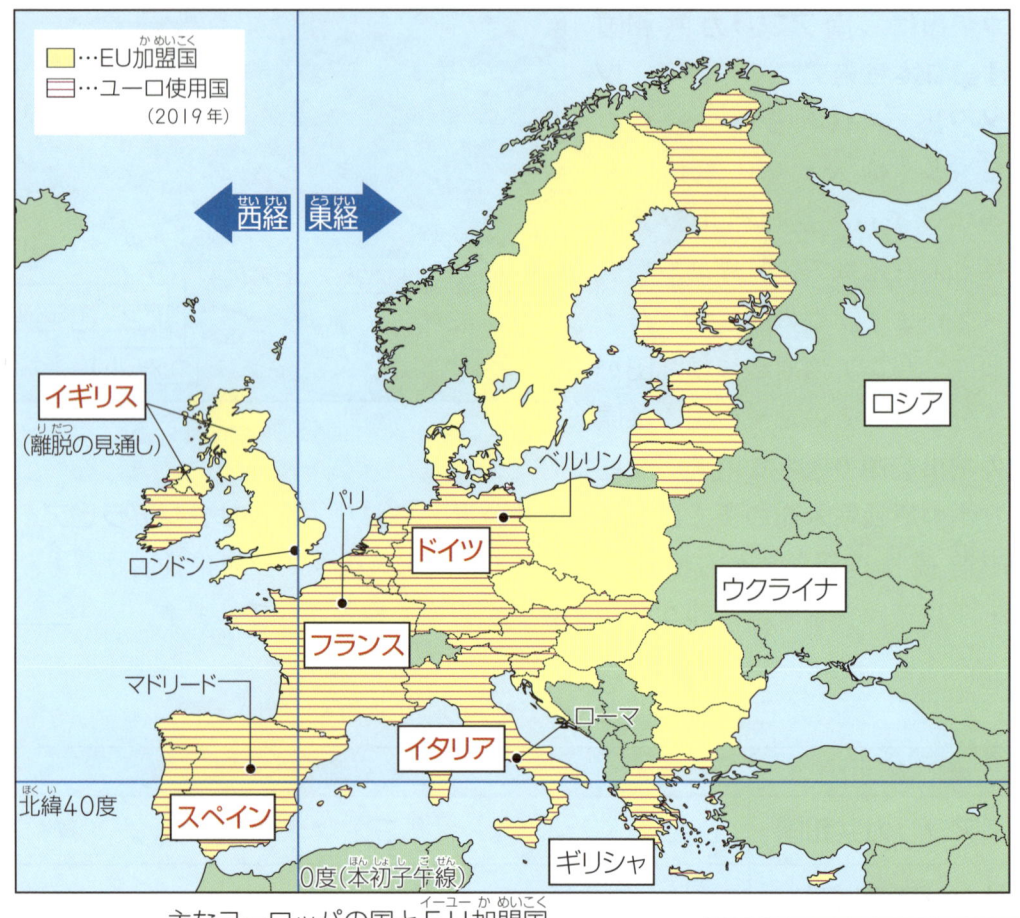

凡例：
- □…EU加盟国
- ▤…ユーロ使用国（2019年）

主なヨーロッパの国とEU加盟国

ここに注目！
ヨーロッパの大部分は日本の東北地方より高い緯度にある。

　ヨーロッパの多くの国が加盟している<u>EU（ヨーロッパ連合）</u>は，政治や経済における各国のつながりを強くしようと，1993年につくられました。加盟国の間では，1つの国のように人や物の移動が自由になっており，共通通貨の<u>ユーロ</u>が使用されている国もあります。イギリスは，2016年に行われた国民投票によって，EUから離脱することを決めました（2020年1月離脱の見通し）。EUの参加国について，新しい動きに注意しましょう。

また，ヨーロッパでは地形や気候の特徴に合わせた農業が行われており，穀物類の栽培，酪農，牛・ぶたの飼育，オリーブ・ぶどうの栽培などがさかんです。一方で，油田や炭田などもあり，それらを利用した工業や，近年ではハイテク産業もさかんです。

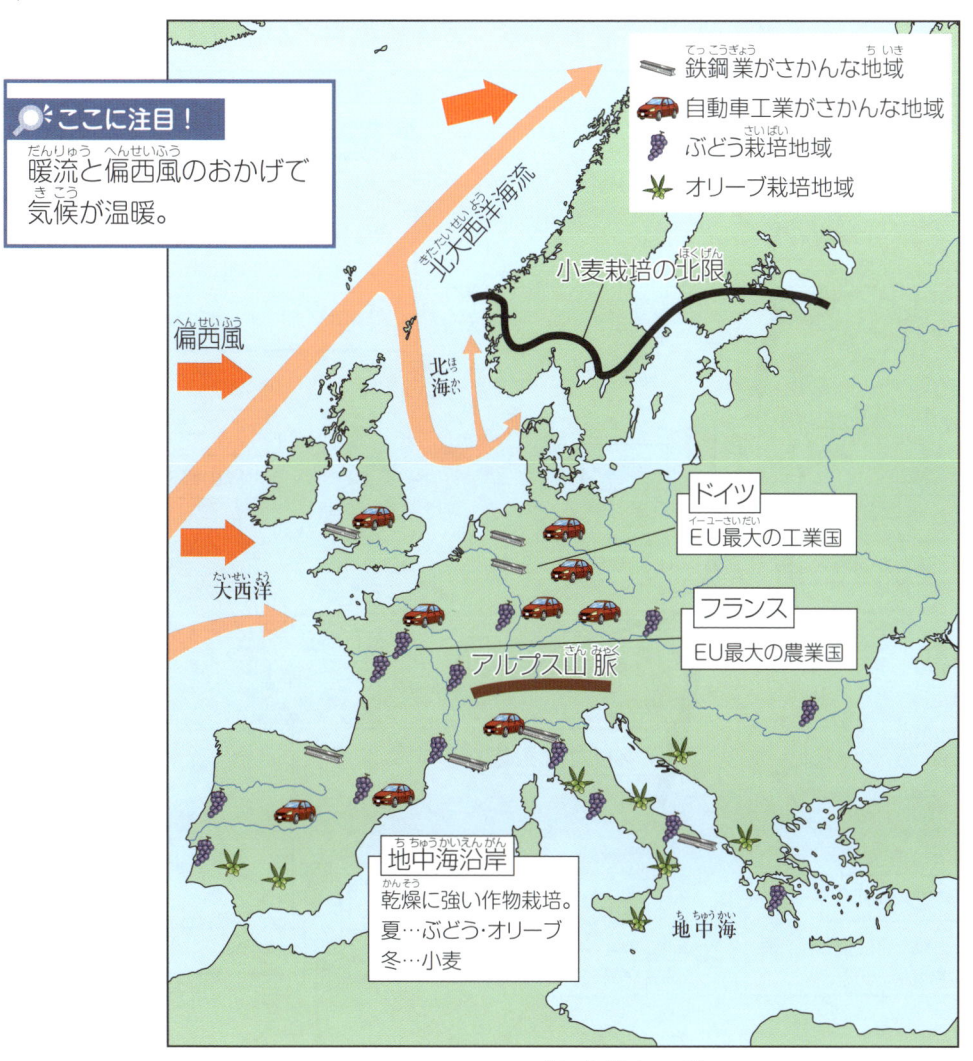

ここに注目！
暖流と偏西風のおかげで気候が温暖。

凡例：
- 鉄鋼業がさかんな地域
- 自動車工業がさかんな地域
- ぶどう栽培地域
- オリーブ栽培地域

北大西洋海流／偏西風／北海／大西洋／小麦栽培の北限／アルプス山脈／地中海

ドイツ　EU最大の工業国
フランス　EU最大の農業国

地中海沿岸
乾燥に強い作物栽培。
夏…ぶどう・オリーブ
冬…小麦

ヨーロッパの農業と工業

ポイント　EUで日本と関係の深い国・首都をおさえよう！

- EU…ヨーロッパ連合，共通通貨：ユーロ
- 主要国…フランス，ドイツ，スペイン，イタリアなど

入試ではここが問われる！

- 主要国は国の位置のほか，首都の名前や位置を問う問題が出されます。
- 農業・工業の統計資料と関連して，国名が問われることがあります。

第5章 世界の国々と日本

37 南北アメリカ

南北アメリカは、日本と結びつきが強いアメリカ合衆国（アメリカ）のほか、日本が資源・原料を多く輸入するカナダ、ブラジルなどが位置する地域です。

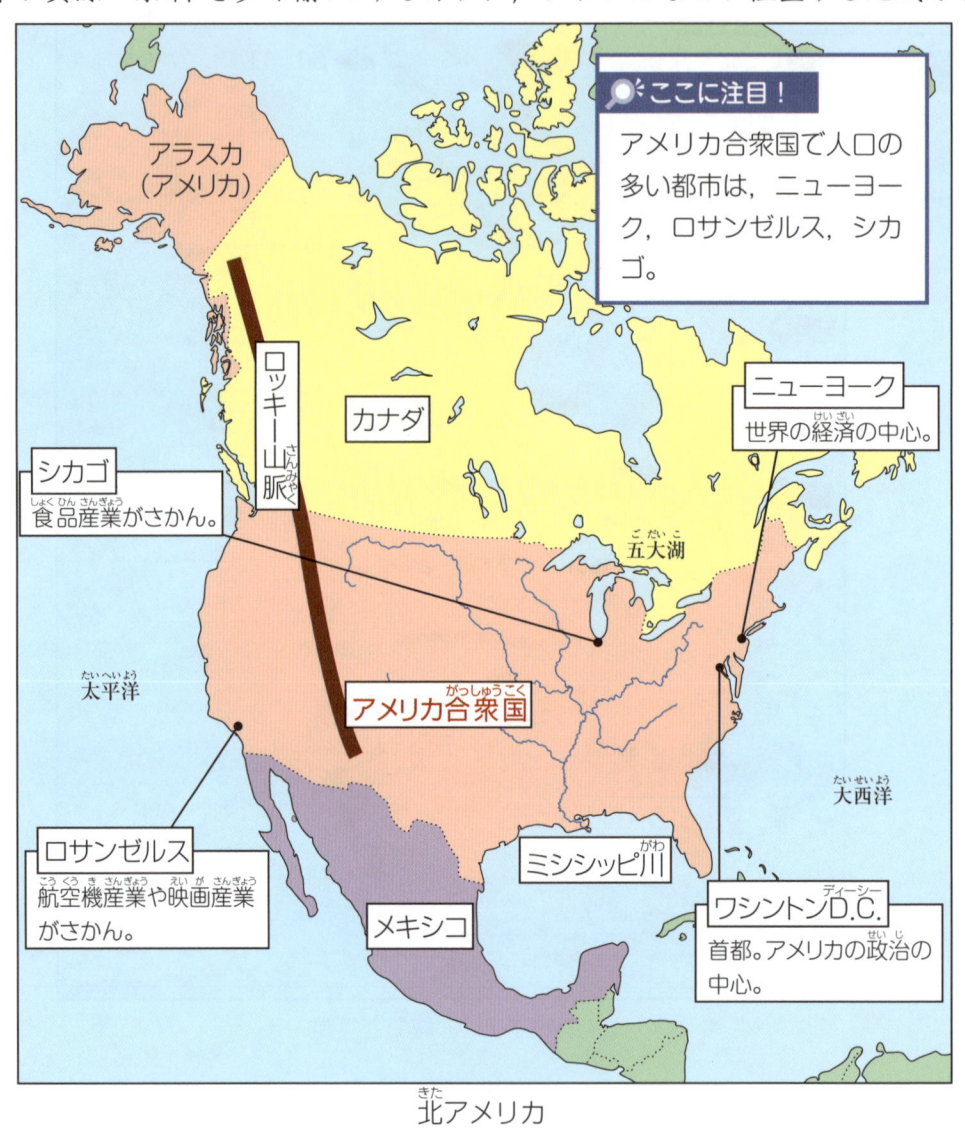

ここに注目！
アメリカ合衆国で人口の多い都市は、ニューヨーク、ロサンゼルス、シカゴ。

地図中のラベル：
- アラスカ（アメリカ）
- カナダ
- ロッキー山脈
- シカゴ：食品産業がさかん。
- ニューヨーク：世界の経済の中心。
- 五大湖
- 太平洋
- 大西洋
- アメリカ合衆国
- ロサンゼルス：航空機産業や映画産業がさかん。
- メキシコ
- ミシシッピ川
- ワシントンD.C.：首都。アメリカの政治の中心。

北アメリカ

アメリカ合衆国の主な都市

都市名	説明
ワシントンD.C.	首都。国の政治の中心地。
ニューヨーク	世界の経済の中心。国際連合本部がある。
ロサンゼルス	商工業都市。航空機産業や映画産業がさかん。

南アメリカ大陸最大の国である**ブラジル**は，コーヒー豆の生産がさかんで，鉄鉱石などの資源も豊富なため，日本との貿易がさかんです。また，ブラジルには明治時代から日本人が移民として移り住み，現在も多くの日系人が暮らしています。

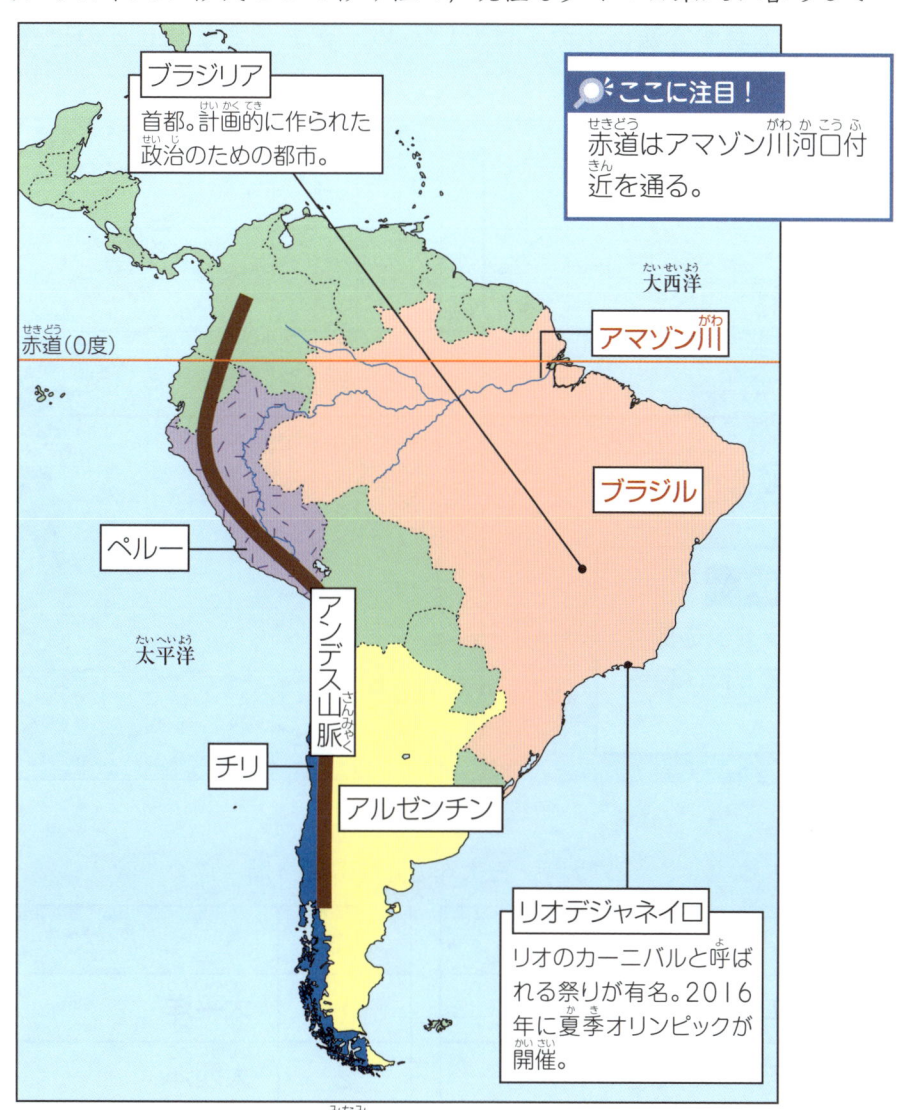

ブラジリア
首都。計画的に作られた政治のための都市。

🔍ここに注目！
赤道はアマゾン川河口付近を通る。

大西洋
赤道(0度)
アマゾン川
ペルー
ブラジル
太平洋
アンデス山脈
チリ
アルゼンチン

リオデジャネイロ
リオのカーニバルと呼ばれる祭りが有名。2016年に夏季オリンピックが開催。

南アメリカ

ポイント　アメリカの都市と特徴，主要国の位置をおさえよう！

- アメリカの主な都市…ニューヨーク，ワシントンD.C.
- アメリカ以外の主要国…カナダ，メキシコ，ブラジルなど

入試ではここが問われる！

- アメリカについては，都市の名前や位置を問う問題が出されます。
- 日本との貿易統計と関連して，国の位置や形を問う問題が出されます。

第5章

第5章 世界の国々と日本

38 世界の様子

　地球を平面で表す方法は1つではないため、さまざまな見せ方の世界地図があります。世界を国や地域ごとだけでなく、1つのものとして見てみましょう。

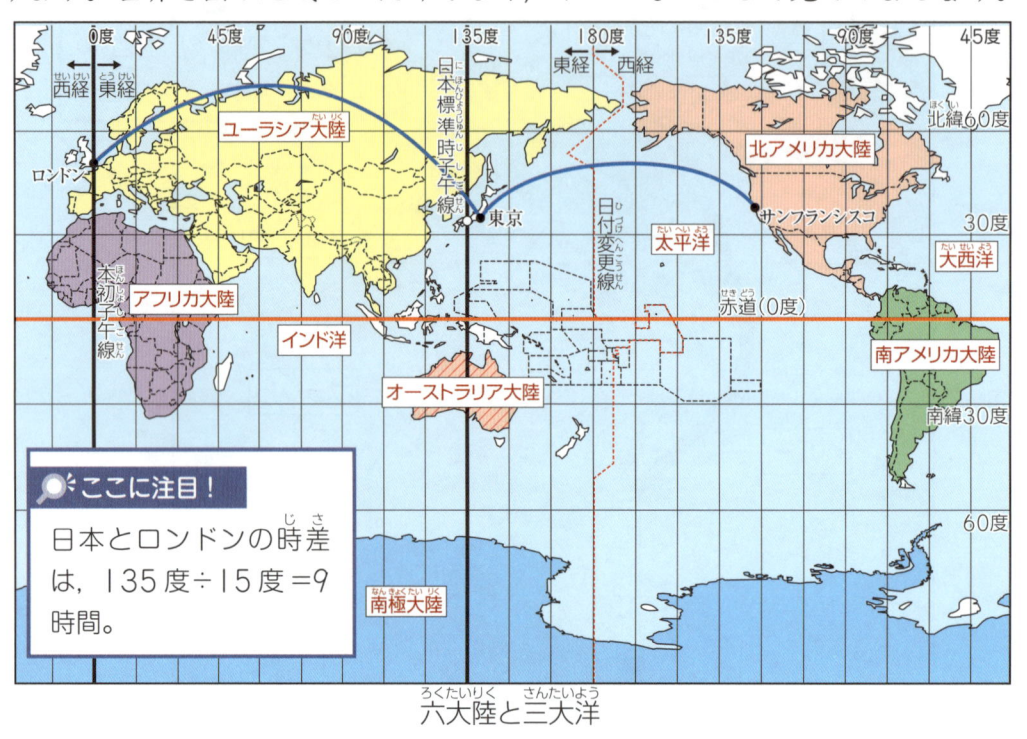

六大陸と三大洋

ここに注目！
日本とロンドンの時差は、135度÷15度＝9時間。

六大陸、三大洋の面積の広い順

順位	六大陸
1	ユーラシア大陸
2	アフリカ大陸
3	北アメリカ大陸
4	南アメリカ大陸
5	南極大陸
6	オーストラリア大陸

順位	三大洋
1	太平洋
2	大西洋
3	インド洋

　上に示した世界地図の図法をミラー図法といい、緯線と経線が直角に交わるようにえがいた地図です。しかし、赤道からはなれて高緯度になるほど面積が大きくえがかれてしまうため、極地方に位置する南極大陸は六大陸のうち面積が5

番目にもかかわらず、とても大きく示されます。一方、経緯線は直線で示されてわかりやすいため、赤道（緯度０度），経度０度，東経135度，経度180度および日付変更線（ひづけへんこうせん）の位置などを、左ページの地図で確認（かくにん）しておきましょう。

主な経緯線の通る場所

経緯線	通る場所
赤道（緯度０度）	ギニア湾（わん）→ビクトリア湖→インド洋→シンガポール付近（ふきん）→太平洋→アマゾン川河口（がかこう）
本初子午線（ほんしょしごせん）（経度０度）	ロンドン（イギリス）→フランス→地中海（ちちゅうかい）→アフリカ大陸西部→ギニア湾
東経135度線	ロシア→日本海（にほんかい）→兵庫（ひょうご）県明石（あかし）市→太平洋→オーストラリア

また、右の図も世界地図の１つです。この地図は、東京（とうきょう）を中心としており、中心からのきょりと方位が正しく示された正距方位図法（せいきょほういずほう）でえがかれています。中心から見て上が北、右が東、左が西、下が南を表しています。中心から引かれた直線は、最短（さいたん）きょりを示していて、つまりは最短の航空路（こうくうろ）でもあるのです。右の図で太い直線で示された、東京〜サンフランシスコ間および、東京〜ロンドン間の最短の航空路は、左ページのミラー図法では曲線で示されます。

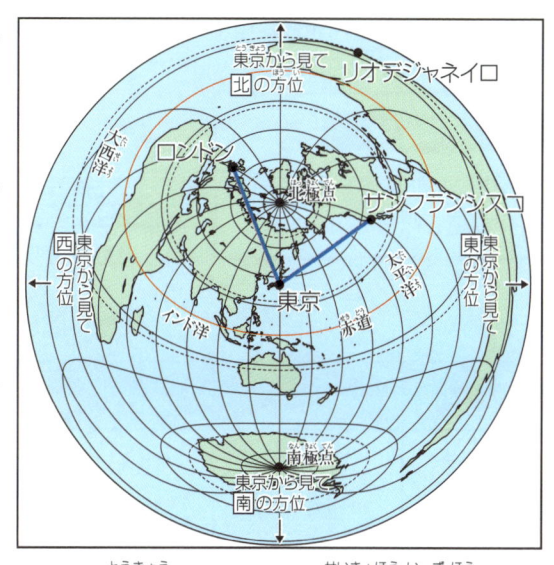

東京（とうきょう）を中心とした正距方位図法（せいきょほういずほう）

第５章

ポイント 世界地図上の位置・きょり・方位（ほうい）をおさえよう！

- 主な経緯線が通る場所…赤道，本初子午線，東経135度線などが通る場所。
- 正距方位図法…正しくきょりと方位が読み取れるようにしよう。

入試ではここが問われる！

- 地図の経緯線の中から赤道や本初子午線などを選ぶ問題が出されます。
- 縮尺（しゅくしゃく）を示した地図上の２地点間の、およそのきょりを問う問題が出されます。

第5章 世界の国々と日本

39 世界の環境問題

現在の環境問題は，一部の地域や1つの国だけで発生して解決できるものではなく，世界全体に被害やえいきょうをおよぼすものが多くなっています。

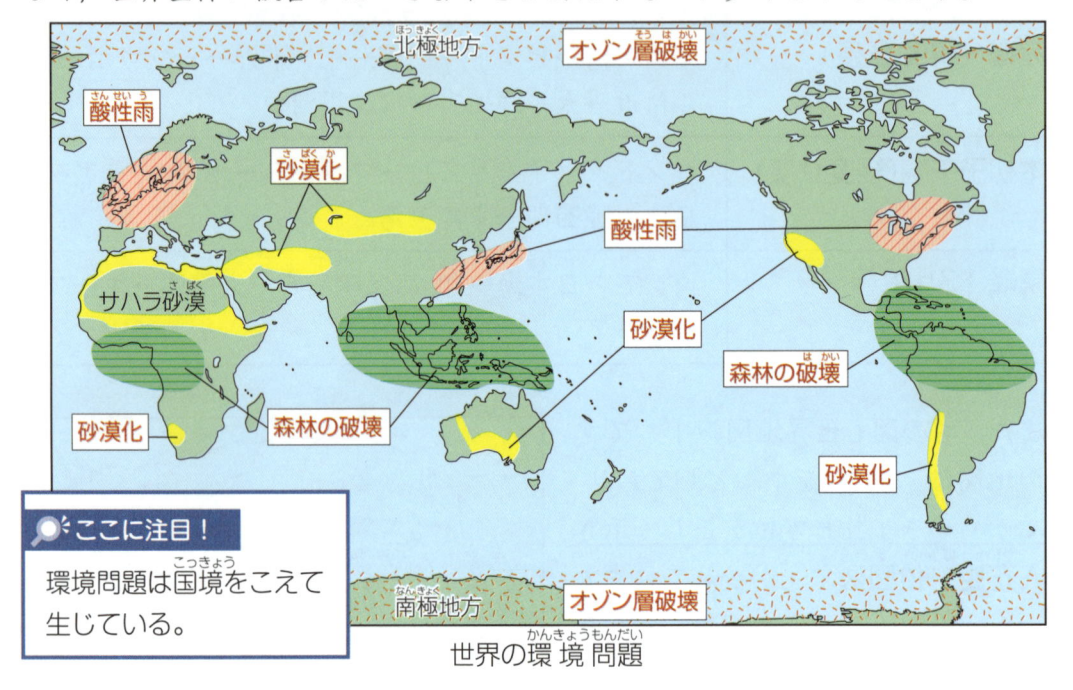

世界の環境問題

🔍 ここに注目！
環境問題は国境をこえて生じている。

環境問題のまとめ

種類	原因	説明，被害	主な被害地域
酸性雨	・石炭，石油など化石燃料の大量消費	・化石燃料の燃焼時に出る化学物質が大気中で化学変化を起こし，強い酸性の雨になって降ってくる。 →森林がかれる。 →湖が酸性になり生物が死ぬ。 →銅像や石造建築物がとける。	ヨーロッパ 北アメリカ北東部 東アジア東部
オゾン層破壊	・フロンの大量放出	・エアコンや冷蔵庫などに多く使われてきたフロンを大気中に放出するとオゾン層の破壊へとつながる。 →地上への紫外線の量が増え，生物に悪えいきょうをあたえる。	北極地方 南極地方

森林の破壊	・熱帯林などの大量伐採	・木材を大量に伐採したり，森林地域を農場や牧場として開発したりすることで，熱帯の森林面積が大幅に減少する。 →森林を元どおりにするまで長い年月がかかる。 →熱帯林に住んでいた生物を絶滅に追いこむ。 →二酸化炭素を吸収する森林の減少により，地球温暖化につながる。	赤道周辺の熱帯地域
砂漠化	・家畜の大量放牧 ・気温の変化や降雨の減少	・もともとあまり肥えていない土地で，無計画に農業や放牧を行う。 →土地の再生が人間活動に追いつかず，不毛な土地となる。	乾燥地域 砂漠の周辺地域

　人が日常生活や産業活動で大量に排出した二酸化炭素などは，熱をとじこめるため温室効果ガスと呼ばれます。温室効果ガスが大量になればなるほど，**地球温暖化**が進み，二酸化炭素を吸収してくれる森林が減少すれば，さらに地球温暖化が進むことになります。地球温暖化が進むと，地球の気候や生態系に大きな変化が起こるほか，北極や南極，高山の氷や雪がとけて海面が上昇します。現在すでに，右の地図で示した小さな島国が水没の危機にあります。

地球温暖化のえいきょうを受けている国々

第5章

> **ポイント**　地球の環境問題は国境をこえてとらえよう！
> ・主な環境問題…酸性雨，オゾン層破壊，森林の破壊，砂漠化，地球温暖化　　など

> **入試ではここが問われる！**
> ・地図で示した地域で起こっている環境問題の名前を問う問題が出されます。
> ・ある地域の産業活動と関連させて，発生している環境問題が問われます。

第5章　世界の国々と日本

確認問題

次の地図を見て，下の問いに答えなさい。

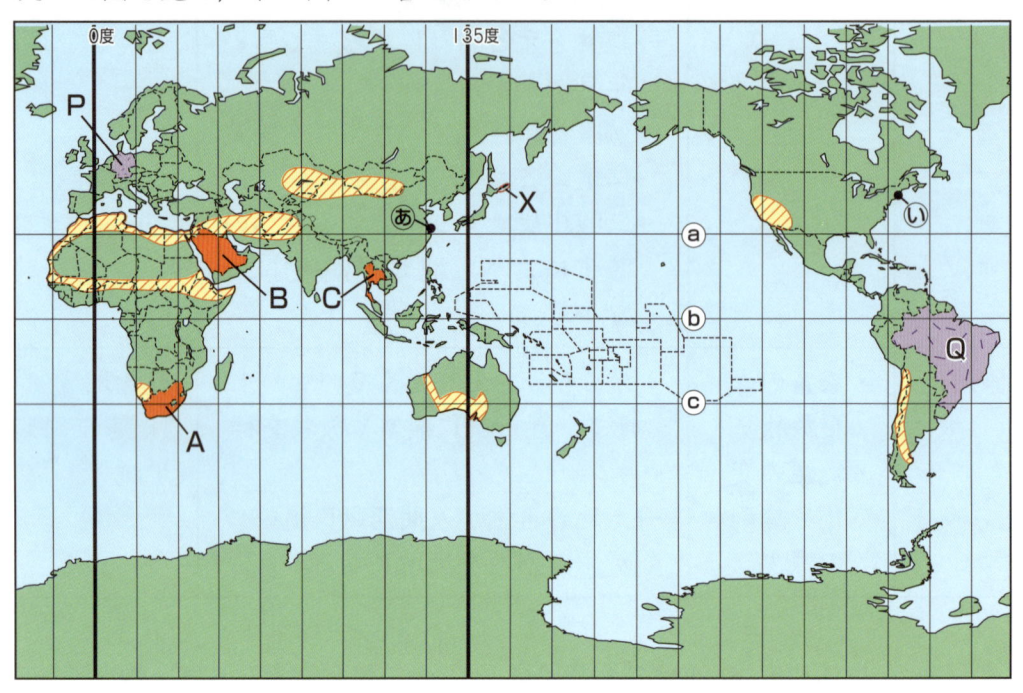

(1) 緯度0度線を，地図中のⓐ〜ⓒの中から1つ選び，記号を書きなさい。また，緯度0度線を表す言葉を漢字2字で書きなさい。

(2) 日本標準時子午線の経度を，東経か西経かをつけて書きなさい。

(3) 地図中の経線を参考にして，日本とロンドンの時差は何時間か，書きなさい。

(4) 世界の六大陸のうち，面積が最も小さく，また，1つの大陸に国が1つしかない大陸名を書きなさい。

(5) 世界の三大洋のうち，南極大陸をふくむ4つの大陸で囲まれた大洋名を，書きなさい。

(6) 地図中の**A～C**の国は，日本と貿易をさかんに行っている国です。次の**ア～ウ**は，日本が**A～C**の国から輸入している主な品目ですが，それぞれどの国から輸入しているものですか。国の位置を地図中の**A～C**の記号で書き，さらに国名も書きなさい。　→ 34 35

　ア　原油，液化石油ガス
　イ　機械類，肉類，魚介類
　ウ　白金，パラジウム，鉄鉱石，ロジウム，マンガン鉱

(7) 地図中の**P・Q**の国名を，次の説明文も参考にして，書きなさい。　→ 36 37

　P　ヨーロッパの中でも特に工業がさかんな国で，首都はベルリンです。
　Q　リオデジャネイロなど，首都よりも人口が多い都市がいくつかあります。

(8) 地図中のあ・いは，それぞれ国内における経済の中心都市です。都市名を書きなさい。　→ 33 37

(9) 地図中の**X**は日本固有の領土ですが，領有をめぐって隣国と対立しています。**X**の地域の総称と，対立している国の名前を書きなさい。　→ 33

(10) 地図中の▨は，共通した環境問題をかかえている地域です。この環境問題の名前を書きなさい。　→ 39

解答らん

(1)	記号		言葉	
(2)		度	(3)	時間
(4)			(5)	
(6)	ア	記号…	国名…	
	イ	記号…	国名…	
	ウ	記号…	国名…	
(7)	P		Q	
(8)	あ		い	
(9)	総称		国名	
(10)				

→「答え」は114ページ

入試地図お役立ち知識

5 地図で世界を知ろう

　世界の国々を日本と関連付けて，地図で見てみましょう。次の世界地図は，ミラー図法でえがかれたものです。

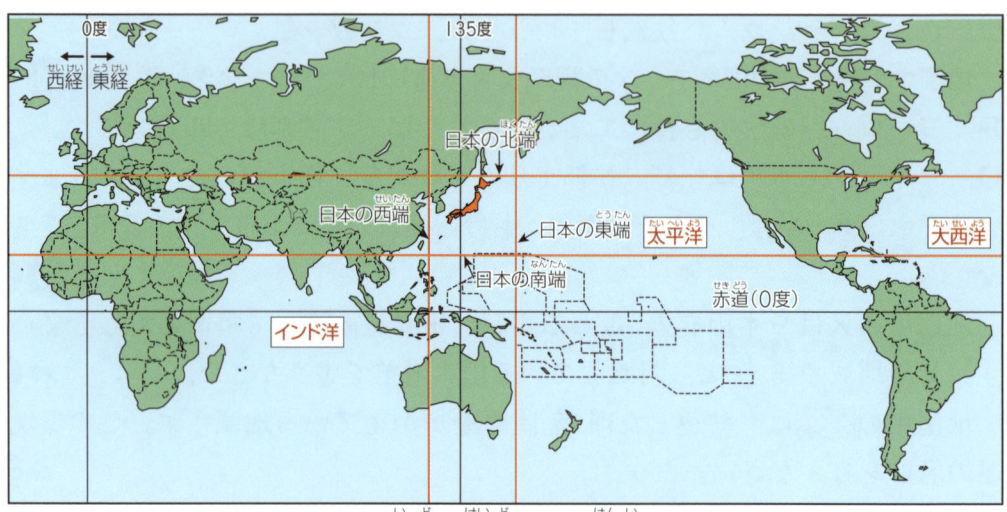

日本の緯度・経度と同じ範囲の国

　日本の東端・西端・南端・北端を示す緯度・経度をのばしてみると，ヨーロッパの多くの国やロシア・カナダの大部分が日本の北端の緯度より高緯度にあることがわかります。また，日本と同じ範囲の緯度にある国は，スペイン・イタリア・トルコ・中華人民共和国・アメリカ合衆国など，同じ範囲の経度にある国は，オーストラリア・パプアニューギニアやインドネシアの一部などです。
　右の地図は，東京を中心とした正距方位図法です。円の外側にいくほど，中心の東京からのきょりが遠いことを示します。日本から最も遠い国は，ブラジルなど南アメリカ大陸の国です。

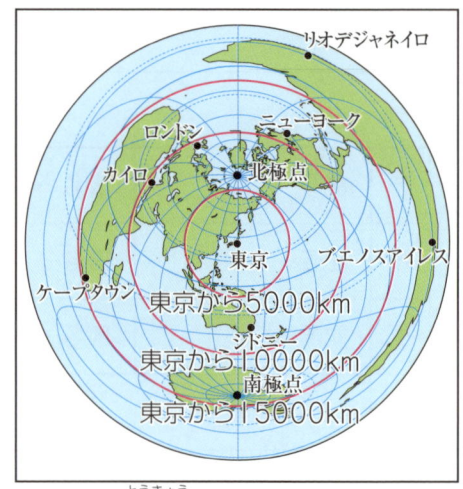

東京からのきょり

　世界の国々については，単独で覚えるよりも，日本との位置関係や貿易関係と結び付けて覚えましょう！

第6章
実戦問題

ねらい
第1章～第5章で学習したことが身についているかを，問題演習によって確認します。地図の問題が入試でどのようにあつかわれているかを実感してください。

使い方
まずは何も見ずに，問題を解いてみましょう。どうしてもわからない部分があったら，そのあとで，第1章～第5章や，地図帳などを見てもかまいません。解き終わったら，「考え方」をよく読んで，まちがったところを必ず確認しましょう。

実戦問題

1 下の地図を見て、あとの問いに答えなさい。

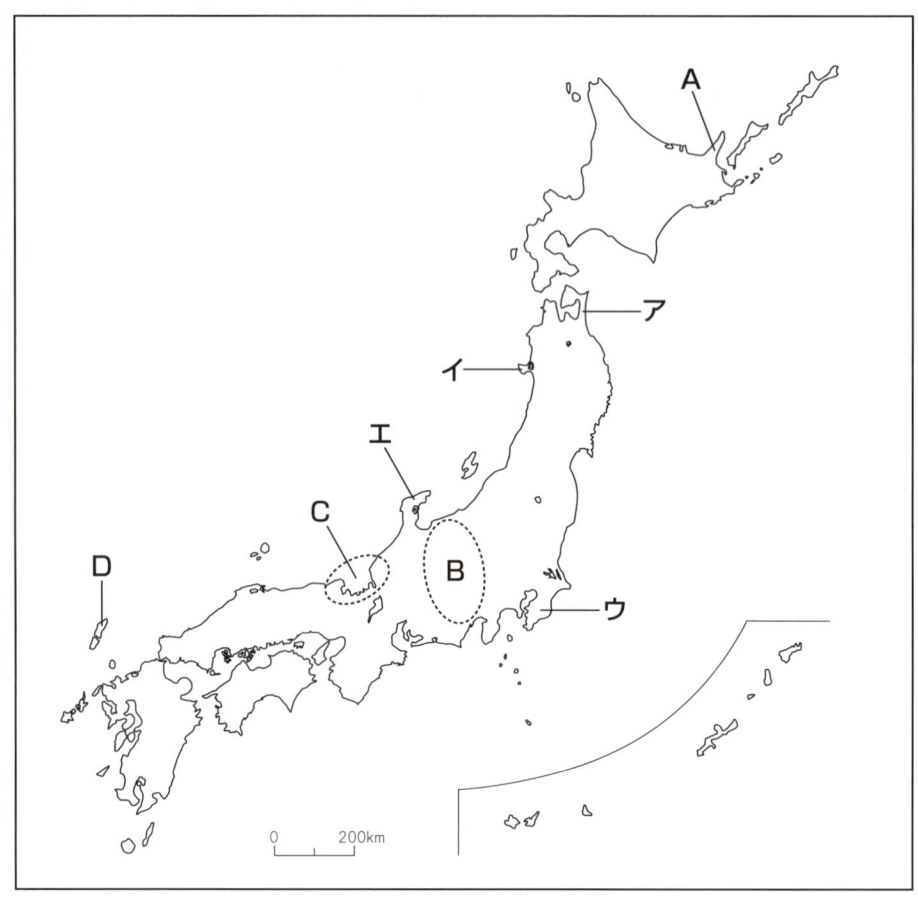

問1 地図中Aは、世界自然遺産に登録されている地域もある半島です。この半島の名前を答えなさい。

問2 地図中Bは、「日本の屋根」とよばれ高く険しい山脈が連なっている地域で、日本アルプスといわれることもあります。このうち、北アルプスともよばれるこの地域の一番北西にある山脈の名前を答えなさい。

問3 地図中Cは、地形的にはリアス式海岸が広がり、複数の原子力発電所が集中していることでも知られる地域です。この湾の名前を答えなさい。

問4 地図中Dは、日本と朝鮮半島の間に位置し暖流の名前にもなっている島です。この島は何県に属していますか、県の名前を答えなさい。

問5 次の文は、ある半島の周辺について説明したものです。この文で述べられているのは地図中ア〜エのうちどこにあたりますか、正しいものを一つ選び、記号で答えなさい。

> この半島に隣接して広がっている湖は、かつて日本第2位の広さであったが、主に米の増産を目的として大部分が干拓され農地となっている。

（立命館中学校・改）

2 1998年に開通した【図】のAの自動車専用道路について、各問いに答えなさい。

【図】

問1 この道路の名前は、この道路が結ぶ二つの都市と、それらのあいだを通る島の名前をとって「神戸□□鳴門自動車道」といいます。□にあてはまる地名を漢字で答えなさい。

問2 次の①～③のグラフは、徳島と京阪神地方を結ぶ3種類の交通機関（高速バス、フェリー・旅客船、航空機）の利用者の変化をしめしたものです。各交通機関の利用者を表すグラフはそれぞれどれか、正しく組み合わせたものを、下のア～カから1つ選び、記号で答えなさい。

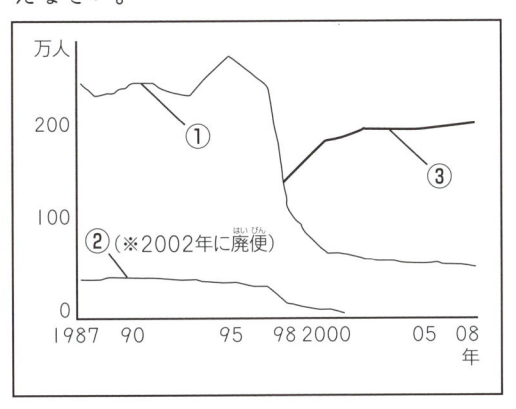

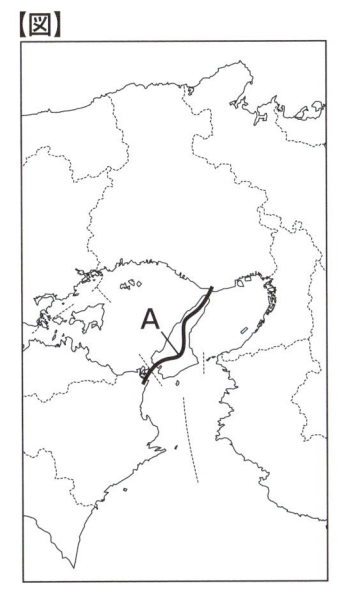

（『四国運輸局資料』より）

ア ①－高速バス　　　　②－フェリー・旅客船　③－航空機
イ ①－高速バス　　　　②－航空機　　　　　　③－フェリー・旅客船
ウ ①－フェリー・旅客船　②－航空機　　　　　　③－高速バス
エ ①－フェリー・旅客船　②－高速バス　　　　　③－航空機
オ ①－航空機　　　　　②－高速バス　　　　　③－フェリー・旅客船
カ ①－航空機　　　　　②－フェリー・旅客船　③－高速バス

（穎明館中学校・改）

解答らん

1

問1		半島	問2		山脈
問3		湾	問4		
問5					

2

問1	神戸		鳴門自動車道	問2	

➡「答えと考え方」は115ページ

3 次の文章を読んで、あとの問いに答えなさい。

> 日本人の伝統的な主食はA米である。明治時代から昭和時代前半にかけては、稲の作付面積と面積あたりの米の収穫量がともに増加していき、人口増加を支えた。しかし、B高度経済成長期にあたる1960年代後半ごろから日本人の米離れが始まったために米の在庫量が大幅に増え、生産調整が行われるようになった。一方、小麦やC肉、乳製品などの消費量は、以前より増加した。

問1 下線部Aに関連して、下の地図1・2は、1940年と2016年に米の生産量が多かった都道府県を示したものです。地図を見て、あとの(1)・(2)に答えなさい。

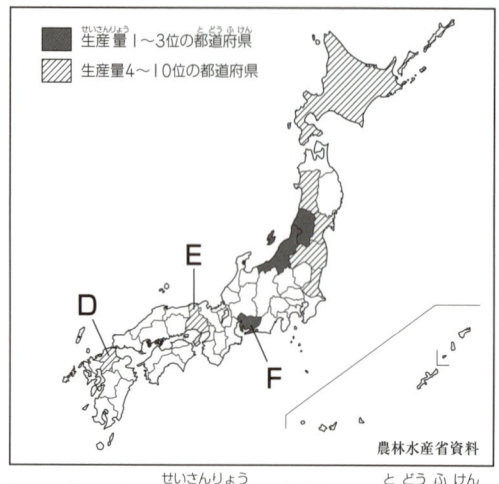

地図1　米の生産量の上位10都道府県（1940年）

地図2　米の生産量の上位10都道府県（2016年）

(1) 下のア～ウは、地図1中のD～Fの都道府県のいずれかが都道府県別生産量で上位1～3位に入っている農産物です。Dが上位1～3位に入っているものを1つ選び、記号とDの都道府県名を書きなさい。

　　ア　キャベツ（2015年）　　イ　小麦（2016年）　　ウ　たまねぎ（2015年）

(2) 地図2にはまちがいがあり、生産量4～10位の模様である都道府県のうち1つは、生産量1～3位に入っています。模様がまちがっている都道府県を地図中のG～Kの中から1つ選び、記号と都道府県名を書きなさい。

問2 下線部Bに関連して、あとの(1)・(2)に答えなさい。

(1) 高度経済成長期には各地で公害病が発生しました。四日市ぜんそくが発生した場所を正しく表したものを、下の地図中のア～エの中から1つ選び、記号を書きなさい。

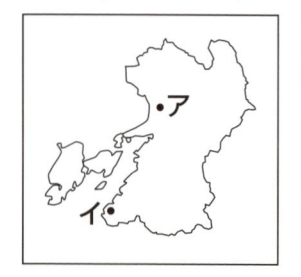

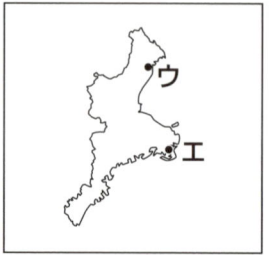

(2) 高度経済成長期には京浜工業地帯が生産額全国一の工業地帯でした。関東地方の工業を表した下の地図中の**L～O**の工業地帯・工業地域のうち、京浜工業地帯・京葉工業地域にあてはまるものをそれぞれ１つ選び、記号を書きなさい。また、地図中の●と■が表す工場を、下の**ア～ウ**の中からそれぞれ１つ選び、記号を書きなさい。

ア 自動車工場
イ 石油化学コンビナート
ウ セメント工場

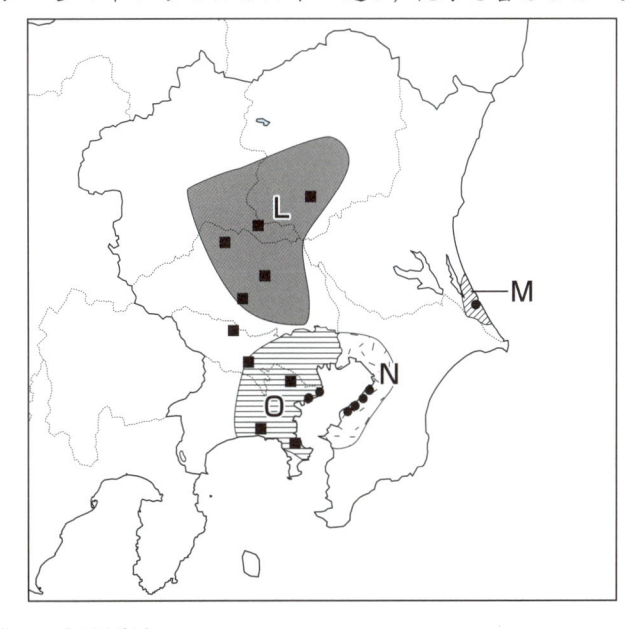

問３ 下線部**C**に関連して、北海道では畜産業がさかんです。北海道の中でも畜産業が特にさかんな右の地図中の**P**の平野名、**Q**の台地名を書きなさい。

（Ｚ会オリジナル）

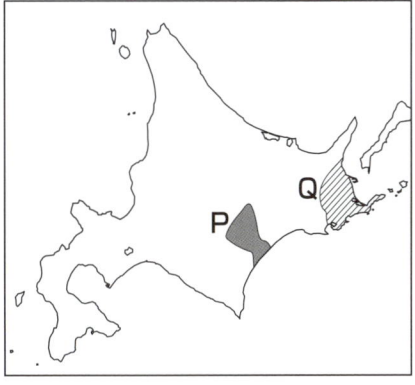

解答らん

3	問１	(1)	記号		都道府県名	
		(2)	記号		都道府県名	
	問２	(1)				
		(2)	京浜工業地帯		京葉工業地域	
			●		■	
	問３	P			Q	

➡「答えと考え方」は116ページ

4 次の地形図を読み、下の問いに答えなさい。

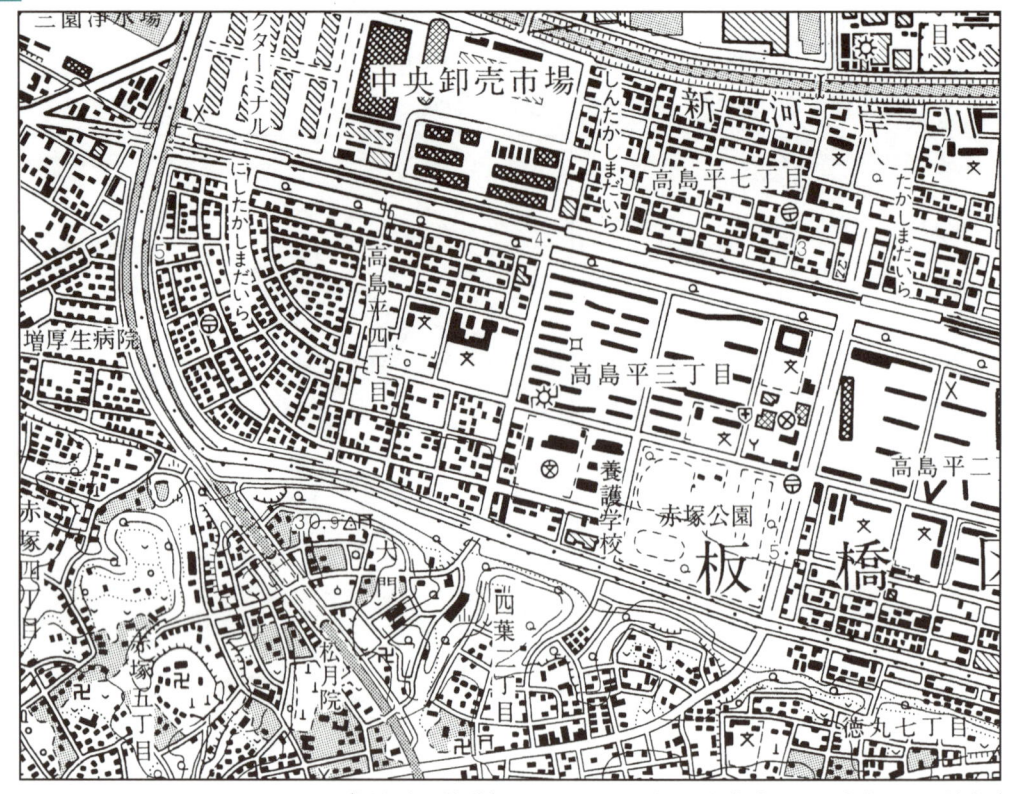

（国土地理院発行　1/25,000 地形図より作成。原図を約160％拡大。）

問1　この地形図は日本国内における全ての基礎となる測量を行う国土地理院が作成した地図です。国土地理院が属している省名として正しいものを、次のア〜エの中から一つ選び、記号で答えなさい。
　　ア　国土交通省　　イ　経済産業省　　ウ　文部科学省　　エ　防衛省

問2　この地形図中の「赤塚公園」と城北中学校の距離は約4kmですが、2万5千分の1地形図上では、どのくらいの距離で表されますか。正しいものを、次のア〜エの中から一つ選び、記号で答えなさい。
　　ア　約4cm　　イ　約8cm　　ウ　約12cm　　エ　約16cm

問3　「赤塚公園」の南側には東西に延びる道路があります。この道路の説明として正しいものを、次のア〜エの中から一つ選び、記号で答えなさい。
　　ア　二重線で描かれていることから、一車線の道路です。
　　イ　濃く塗られていることから国道で、自転車も通行できます。
　　ウ　二重線の間に点があることから、有料道路です。
　　エ　立体交差する際には、この道路がトンネルになることが多くなっています。

問4 2万5千分の1地形図で「赤塚公園」の東西幅は1.5cm, 南北幅は1cmでした。「赤塚公園」の面積として正しいものを, 次のア〜エの中から一つ選び, 記号で答えなさい。
　ア　約100m²　イ　約1,000m²　ウ　約10,000m²　エ　約100,000m²

問5 「たかしまだいら」駅と「松月院」との標高差はどのくらいになりますか。正しいものを, 次のア〜エの中から一つ選び, 記号で答えなさい。
　ア　約10m　イ　約25m　ウ　約40m　エ　約55m

問6 この地形図中に示される土地利用の特色について, 正しいものを次のア〜エの中から一つ選び, 記号で答えなさい。
　ア　「赤塚公園」には, 公園の周囲を取り囲むように針葉樹林があります。
　イ　「赤塚五丁目」付近には, ため池とともに水田が分布しています。
　ウ　「高島平三丁目」では, 横長の建造物の間に大きな一本杉が立っています。
　エ　「四葉二丁目」から「徳丸七丁目」にかけては, 畑が分布しています。

問7 「たかしまだいら」駅から「松月院」まで歩いていくには, 八方位でどの方向に行けばよいですか, 漢字で答えなさい。

問8 この地形図は, 実際の距離を地図上にちぢめて表現していますが, このように地図上でちぢめた割合のことを何といいますか, 漢字で答えなさい。

(城北中学校・改)

解答らん

4

問1		問2		問3	
問4		問5		問6	
問7			問8		

➡「答えと考え方」は117ページ

5 次の地図1〜3に関して，あとの問に答えなさい。

問1 地図1中のA・Bは，領有をめぐって，日本が大韓民国（韓国）および中華人民共和国（中国）と対立している島々です。A・Bの島々の名前を書きなさい。

問2 地図1中のCの国について説明した文としてまちがっているものを，次のア〜エの中から1つ選び，記号を書きなさい。
ア 日本の標準時子午線である東経135度がこの国にも通っている。
イ 日本と夏・冬の季節が逆である。
ウ 石炭などの資源が豊富である。
エ 日本との関係は深くないため，貿易はあまり行われていない。

問3 次の文に当てはまる国を地図1中のあ〜えの中から1つ選び，記号を書きなさい。
経済発展がめざましい新興国であり，世界で最も人口が多い国である。

問4 地図2中のDの都市には本初子午線が通っています。東京が12月31日午後8時のとき，Dは何月何日何時ですか。午前・午後をつけて書きなさい。

問5 地図2中のE〜Gの緯線のうち，日本の秋田県を通るものを1つ選び，記号を書きなさい。

問6 地図2中のHの川，Iの砂漠の名前を書きなさい。

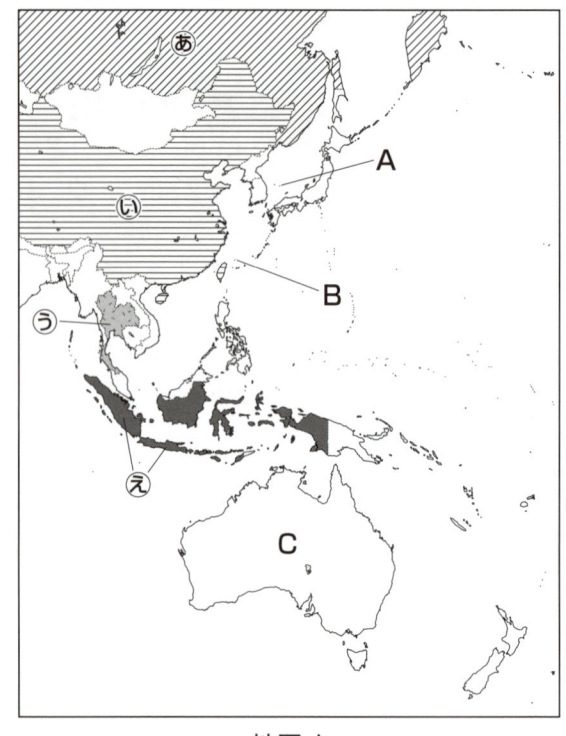

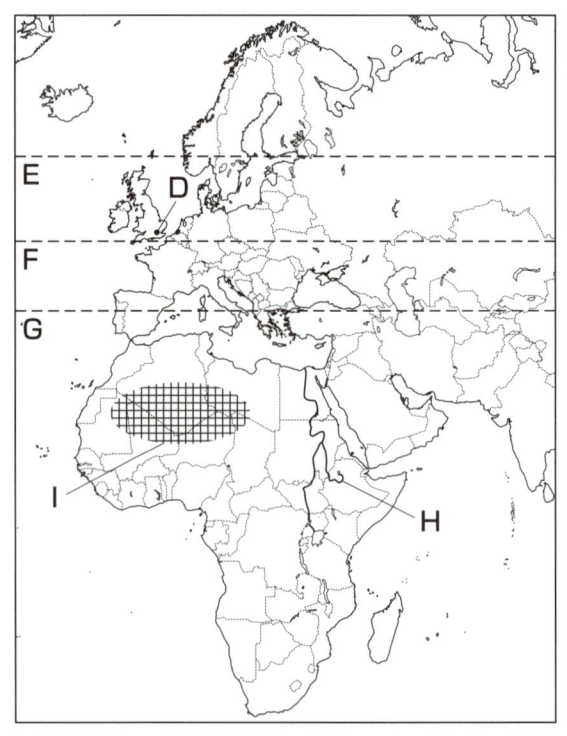

地図1

地図2

問7 地図3中のJ〜Lの都市の名前を，次の説明文を参考にして書きなさい。
　J　世界経済の中心である。
　K　アメリカ合衆国（アメリカ）の首都である。
　L　アメリカ西海岸最大の都市で，航空機産業や映画産業がさかん。

問8 地図3中のM〜Oの緯線のうち，赤道を示しているものを1つ選び，記号を書きなさい。

問9 地図3中にPで示した地域では，主にどのような環境破壊が起こっているか，簡単に説明しなさい。

問10 地図3中のQは，2016年の夏季オリンピック・パラリンピック開催都市です。この都市の名前を書きなさい。

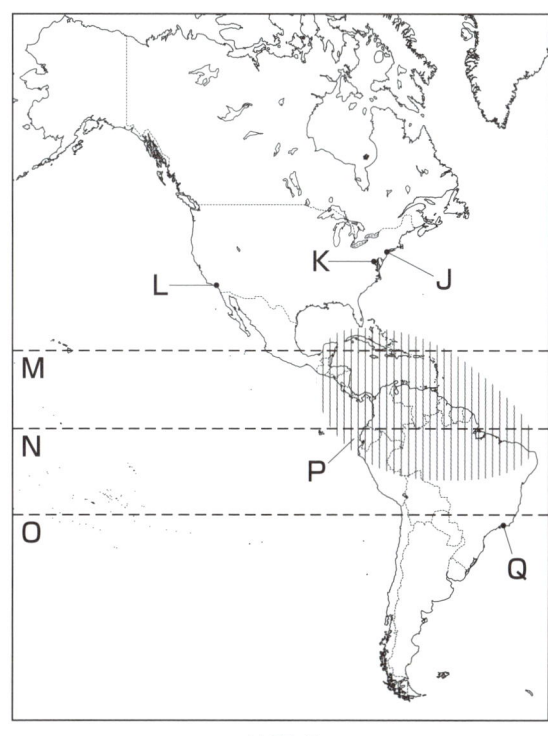

地図3

（Z会オリジナル）

解答らん

5	問1	A			B	
	問2			問3		
	問4				問5	
	問6	H			I	
	問7	J			K	
		L				
	問8					
	問9					
	問10					

➡「答えと考え方」は118ページ

確認問題 答え

第1章　日本の国土　　　…問題は26〜27ページ
(1) 択捉島　(2) 135　(3) ウ　(4) D　(5) ウ　(6) 浜名湖
(7) 赤石山脈　(8) 越後山脈　(9) ウ　(10) G　(11) イ
(12) 札幌市　(13) O

第2章　日本の産業　　　…問題は50〜51ページ
(1) ウ　(2) 米（稲）　(3) イ　(4) 近郊農業　(5) ウ　(6) ア
(7) 水俣病　(8) ぶた　(9) ⓑ　(10) 豊田市　(11) ⓔ　(12) イ

第3章　日本の諸地域，都道府県　　　…問題は70〜71ページ
(1) 利根川　(2) 抑制栽培　(3) 北海道　(4) 成田国際空港
(5) 京浜工業地帯　(6) エ　(7) 越後平野　(8) エ　(9) 和歌山県
(10) 輪中

第4章　地形図の読み取り　　　…問題は84〜85ページ
(1) 2万5千分の1　(2) 1km　(3) ア　(4) 扇状地
(5) ア…果樹園　　イ…広葉樹林　(6) 図書館…⌂　博物館・美術館…🏛

第5章　世界の国々と日本　　　…問題は102〜103ページ
(1) 記号…ⓑ　　言葉…赤道　(2) 東経135（度）　(3) 9（時間）
(4) オーストラリア大陸　(5) インド洋
(6) ア　記号…B　国名…サウジアラビア　　イ　記号…C　国名…タイ
　　ウ　記号…A　国名…南アフリカ共和国
(7) P…ドイツ　　Q…ブラジル
(8) あ…シャンハイ（上海）　　い…ニューヨーク
(9) 総称…北方領土　　国名…ロシア連邦（ロシア）　(10) 砂漠化

実戦問題　答えと考え方

1

《答え》
問1 知床　　問2 飛驒　　問3 若狭　　問4 長崎県　　問5 イ

《考え方》

問1　北海道北東部にある，世界自然遺産に登録されたAの半島は**知床半島**です。知床半島周辺の海は，流氷（海氷）ができる北半球の海域の中で最も南に位置します。

問2　日本アルプスは，**飛驒山脈（北アルプス）**・木曽山脈（中央アルプス）・赤石山脈（南アルプス）の3つの山脈を指し，そのうち，最も北西にあるのは飛驒山脈です。

問3　本州中央部でリアス海岸（リアス式海岸）が広がり，原子力発電所が集中するCの湾は**若狭湾**です。若狭湾は福井県と京都府にまたがり，西部に天橋立があります。

問4　日本海にあるDの島は**対馬**で，**長崎県**に属します。対馬海流は，東シナ海から対馬付近を通って日本海を流れる暖流です。

日本アルプスと若狭湾

問5　かつて日本第2位の広さであったが大部分が干拓されてしまった湖は八郎潟（秋田県）で，**男鹿半島（イ）**の付け根付近にあります。八郎潟の干拓地で，北緯40度線と東経140度線が交わっています。なお，**ア**は下北半島（青森県），**ウ**は房総半島（千葉県），**エ**は能登半島（石川県）です。

2

《答え》
問1 淡路　　問2 ウ

《考え方》

問1　Aの自動車専用道路が通っている大きな島は，**淡路島（兵庫県）**です。

問2　1997年までは利用者がおらず，自動車専用道路が開通してから急増した③は，**高速バス**です。高速バスは，その安さや簡便さから，各地で利用者が増えています。1997年まで徳島と京阪神を結ぶ主要な交通機関だった①は，**フェリー・旅客船**です。島国の日本では海上輸送が発達していましたが，本州と四国・九州の間のように橋やトンネルが開通した区間では，自動車や鉄道に旅客をうばわれていま

す。一方，船による貨物輸送は，安く大量輸送ができることから，一定の地位を保っています。②は，運賃が高い航空機です。

3

《答え》
問1 (1) 記号…イ　都道府県名…福岡県
　　 (2) 記号…G　都道府県名…新潟県
問2 (1) ウ
　　 (2) 京浜工業地帯…O　京葉工業地域…N　●…イ　■…ア
問3 P…十勝平野　Q…根釧台地

《考え方》
問1 (1) Dは福岡県，Eは兵庫県，Fは愛知県です。このうち，小麦の生産量が多い県は福岡県です。福岡県では稲と小麦の二毛作がさかんであり，耕地面積より年間の作付延べ面積が大きいという現象が起きます。キャベツの生産がさかんな県は愛知県，たまねぎの生産がさかんな県は兵庫県です。

(2) 2016年に米の生産量が多かった都道府県は，上位から順に新潟県（G），北海道，秋田県でした。北海道と新潟県の生産量は同規模で，年によって1位・2位の順位が入れかわります。

問2 (1) 四日市市（ウ）は三重県北部に位置し，中京工業地帯を代表する都市の1つです。四日市市には石油化学コンビナートが多数立地し，そのけむりによって公害が発生しました。なお，アは熊本市で，2012年に政令指定都市となりました。イは熊本県水俣市で，水俣病の原因となった工場がある都市です。エは英虞湾で，真珠の養殖で知られています。

(2) 京浜工業地帯は東京湾の西側の東京都・神奈川県（O），京葉工業地域は東京湾の東側の千葉県（N）に位置します。

京葉工業地域では石油化学工業がさかんであり，●は石油化学コンビナートを表します。石油化学工業は輸入した石油を原料とするため臨海部でさかんであり，鹿島臨海工業地域（M）や神奈川県川崎市にも立地しています。関東内陸工業地域（L）に多数分布する■は，自動車工場を表します。自動車などの機械工業は，石油化学工業や鉄鋼業とちがい，内陸部にも立地するのが特徴です。半導体工場（IC工場）も内陸の高速道路沿いや空港付近に立地しています。なお，セメント工場は石灰石の産地付近に立地し，関東地方では埼玉県西部に多く見られます。

問題の地図の出典：2016年石油化学工業協会資料・2016年日本自動車工業会資料

問3 北海道東部の十勝平野（P）や根釧台地（Q）は気温が低く，火山灰地が広がっているため，稲作に不向きです。そのため，酪農などの畜産業がさかんです。また，十勝平野は畑作もさかんで，じゃがいもやにんじん，とうもろこし，てんさい（さとうだいこん）などが生産されています。

4

《答え》

問1 ア　　問2 エ　　問3 ウ　　問4 エ　　問5 イ　　問6 エ
問7 南西　　問8 縮尺

《考え方》

問2　2万5千分の1の地形図では，
（実際のきょり）÷ 25000 ＝（地形図上のきょり）　となります。したがって，
4km = 4000m = 400000cm　　400000 ÷ 25000 = 16（cm）
地形図上のきょりは約16cmです。

問3　「赤塚公園」の南側の東西に延びる道路は，二重線の間に点をつけて示される ▭▭▭▭ なので，有料道路です。アとイはこの道路には当てはまりません。エのように立体交差する際には，通常，有料道路は一般の道路の上を通ります。

問4　（地形図上のきょり）× 25000 ＝（実際のきょり）　となります。したがって，
東西幅：1.5 × 25000 = 37500（cm）　37500cm = 375m
南北幅：1 × 25000 = 25000（cm）　25000cm = 250m
面積：375 × 250 = 93750（m²）　したがって，答えはエです。

問5　「たかしまだいら」駅の少し西に「・3」という印があります。これは標高3mを表しています。また，「松月院」の少し北には「30.9 △」という印があります。これは標高30.9mの三角点です。したがって標高差は約25mです。

問6　「四葉二丁目」から「徳丸七丁目」にかけて，畑を表す ∨ が見られます。

ア　「赤塚公園」の周囲には，針葉樹林でなく広葉樹林（Q）があります。
イ　「赤塚五丁目」付近には，水田でなく畑（∨）などがあります。
ウ　「高島平三丁目」で横長の建造物の間に立つのは高塔（□）です。

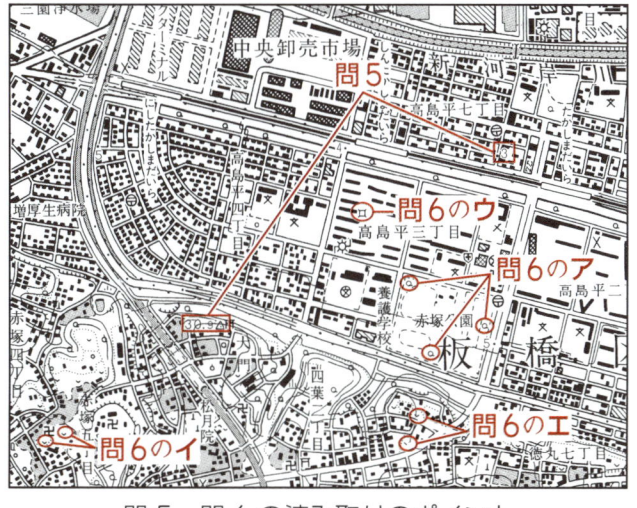

問5・問6の読み取りのポイント

問題の地形図の出典：国土地理院2万5千分の1地形図「赤羽」

5

《答え》
問1 A…竹島　　B…尖閣諸島　　問2 エ　　問3 ⓘ
問4 12月31日午前11時　　問5 G
問6 H…ナイル川　　I…サハラ砂漠
問7 J…ニューヨーク　　K…ワシントンD.C.　　L…ロサンゼルス
問8 N　　問9 熱帯林が破壊されている。　　問10 リオデジャネイロ

《考え方》

問1　竹島は島根県に属する日本固有の領土ですが，現在は大韓民国（韓国）が占領しています。尖閣諸島は沖縄県に属する日本固有の領土で，現在日本が実効支配していますが，中華人民共和国（中国）や台湾が領有を主張しています。

問2　Cのオーストラリアは日本との関係が深く，貿易も活発に行われています。日本は，石炭や鉄鉱石をオーストラリアから最も多く輸入しています。

問3　ⓐはロシア連邦，ⓘは中国，ⓤはタイ，ⓔはインドネシアです。いずれも新興国といえる国ですが，世界で最も人口が多いのは中国です。

問4　地球が1周（360度）自転するのに24時間かかるため，360 ÷ 24 = 15（度）より，経度15度の差で1時間の時差が生じます。
　日本の標準時子午線は，兵庫県明石市を通る東経135度線なので，本初子午線（経度0度）が通るD（イギリスのロンドン）との経度差は135度です。したがって，135 ÷ 15 = 9（時間）より，日本とDとの時間差は9時間です。なお，日付変更線のすぐ西にある日本のほうが早い時刻です。
　日本が12月31日午後8時のとき，Dはそれより9時間おそいので，Dは12月31日午前11時となります。

問5　日本の秋田県大潟村を，北緯40度線が通ります。北緯40度線は，ヨーロッパでは南部のスペイン・イタリアあたり（地図2中のG）を通ります。

問8　赤道の位置はよく問われるので，世界各地のどのあたりを通っているのか，覚えておく必要があります。南アメリカでは，ブラジルの北部のアマゾン川河口部のあたり（地図3中のN）を通ります。

問9　地図3中のPは，赤道をはさんだ熱帯の地域であり，雨が多く暑いことから，熱帯林が広がっています。過剰な伐採や，森林を焼きはらってから作物を育てる焼畑農業のえいきょうなどで，熱帯林の破壊が進んでいます。

問10　地図3中のQは，ブラジルの都市リオデジャネイロです。リオデジャネイロは，「リオのカーニバル」と呼ばれる祭りで有名な大都市で，2016年の夏季オリンピック・パラリンピック開催都市です。オリンピック・パラリンピックやサッカーのワールドカップが開かれる国・都市は，中学入試で頻出なので，注意しておきましょう。

オリンピック・パラリンピック開催都市(予定ふくむ)

年	開催都市
2014	ソチ(冬季)
2016	リオデジャネイロ(夏季)
2018	ピョンチャン(平昌;冬季)
2020	東京(夏季)
2022	ペキン(北京;冬季)
2024	パリ(夏季)
2026	ミラノ,コルティナダンペッツォ(冬季)
2028	ロサンゼルス(夏季)

サッカーワールドカップ(男子)開催国(予定ふくむ)

年	開催国
2014	ブラジル
2018	ロシア連邦
2022	カタール
2026	アメリカ,カナダ,メキシコ

Ｚ会中学受験シリーズ　入試に出る地図　地理編

初版第1刷発行　2013年3月10日
　　第9刷発行　2020年2月10日

編者　　Ｚ会指導部
発行人　藤井孝昭
発行所　Ｚ会
　　　　〒411-0033　静岡県三島市文教町1-9-11
　　　　TEL（055）976-9095
　　　　https://www.zkai.co.jp/books/
印刷所　シナノ書籍印刷株式会社

©Ｚ会　2013　無断で複写・複製することを禁じます
定価はカバーに表示してあります
乱丁・落丁本はお取り替えいたします
ISBN 978-4-86290-113-2